Anjel Ferry & Jürgen Ammann

Dicke Fische, Kängurus & Kiwis

ISBN 3-936101-03-5

2. Auflage September 2009

Cover: Dicke Fische

Lektorat: Uwe Pordzik, Eva-Maria Müller-Lang, Marleen Friedrich-Hennes, Diana Ruthardt, Jens Frölich

Text: Anjel Ferry & Jürgen Ammann

Fotos: Dicke Fische

Layout: Dicke Fische

DVD

Fotos & Film: Dicke Fische

Schnitt: Julian Peuker & Serkan Kulmac

Musik: Dicke Fische

Produktion: Es Vedra Edition EWIV

Kontakt: **www.dicke-fische.com**

Dieses Buch ist auch als Hörbuch erschienen.
Alle Dicke Fische Artikel: CDs, T-Shirts, Bücher etc. sind über die Website der Band bestellbar.

Bibliographische Informationen der Deutschen Bibliothek
Die Deutsche Bibliothek verzeichnet diese Publikation in der Deutschen Nationalbibliographie; detaillierte bibliographische Daten sind im Internet über http://dnb.ddb.de abrufbar.

**Für all unsere Freunde & Fans
und jene, die es werden wollen.**

**Die wahre Lebensweisheit besteht darin, im Alltäglichen
das Wunderbare zu sehen.**

Pearl S. Buck

Dicke Fische, Kängurus & Kiwis

VORWORT

von Uwe Pordzik

Mein Jugendzimmer lag ausserhalb der Wohnung meiner Eltern, unter dem Dach. Als ich 16 war, zog ein junger Musiker neben mir ein. Frisch aus der Tschechoslowakei gekommen, war er dort der Leader einer erfolgreichen, professionellen Rockband gewesen. In Deutschland begann für ihn ein neuer Lebensabschnitt, mit einem ganz „normalen" Job. Natürlich konnte er die Finger nach Feierabend nicht von der Gitarre lassen. Bald hatte er auch hier eine neue Musikgruppe gegründet. Das Schicksal hatte diesen Kometen einschlagen lassen: Unter dem Dach, direkt neben meinem Jugendzimmer. Sein Name: Anjel Ferry.
Einige Jahre und viele nächtliche Gitarrensessions später gingen unsere Wege auseinander, in verschiedene Himmelsrichtungen.

Vor einem Jahr haben sich unsere Wege wieder gekreuzt. Inzwischen lebt Anjel Ferry von seiner Musik; im Jahre 2000 hat er, zusammen mit Jürgen Ammann, die Dicken Fische gegründet. Fast täglich zücken sie ihre Gitarren, spielen Bekanntes und Eigenes und sind bekannt in Stadt und Land. Ich habe einen Verlag. Das Ende einer schönen Geschichte. Wäre da nicht...
...zu Anfang des Jahres, die verrückte Idee der beiden gewesen, eine lange Reise anzutreten: Eine Inspirationsreise, in`s Blaue hinein, durch Australien und Neuseeland. Drei Monate lang.

Für ihre Fans haben sie in dieser Zeit ein Reisetagebuch geschrieben und dieses online, während der Reise, auf ihren Internetseiten eingestellt. Unter **www.dicke-fische.com** konnten alle, die sie kannten, ihre Reise mit verfolgen.

Viele Fotos sind dabei entstanden. Viele Stunden Videomaterial haben die beiden gedreht. Und viele neue Songs haben sie komponiert, unter den Eindrücken der Reise, unter australischen Wasserfällen oder neuseeländischer Sonne ihren Gedanken freien Lauf lassend.

Was lag da näher, als all diese schönen Eindrücke aus der Flüchtigkeit des Augenblicks der Cyberworld des Internets heraus zu lösen und auf Papier zu bannen - (fast) für die Ewigkeit.

Da die heutigen, multimedialen Möglichkeiten weit mehr zulassen, als nur Worte zu Papier zu bringen, entstand in gleichem Atemzug die „DVD zum Buch“: Prall gefüllt mit bunten Bildern dieser Reise, mit dem Roadmovie, alles untermalt mit Songs, die unter diesen Eindrücken entstanden sind.

Es ist mir Ehre und Vergnügen, in meinem Verlag das multimediale Projekt „Dicke Fische, Kängurus und Kiwis“ zu präsentieren. Ein Projekt, das die Eindrücke einer Reise so plastisch und lebendig all jenen nahe bringt, welche die Dicken Fische auf ihrem Weg nicht begleiten konnten. Eine Einladung, mit (fast) allen Sinnen (ich glaube, ausser riechen ist so ziemlich alles dabei) einzutauchen in die Welt der Dicken Fische, die immer dort entsteht, wo die beiden mit ihren Gitarren sind, und sei dies am anderen Ende der Welt.

Wie so oft gilt auch hier einmal mehr die Regel, dass das neu entstandene Ganze weit mehr ist als die Summe aller Einzelteile. Halte beim Lesen ab und zu inne. Schon bald wirst Du zwischen den Zeilen entdecken, dass Dich die „Fische“ eingeladen haben auf ihre ganz persönliche Reise. Eine Reise, die über exotische Kontinente in innere Welten führt.

Und ganz am Schluss, wenn Du das Buch gelesen hast, entspanne Dich, lege die DVD ein und lehne Dich zurück. Triff all die Bekannten aus dem Buch.
...und spätestens, wenn Du den Regenbogen siehst, so bunt, so schön, dann wirst Du verstehen: sie sind auch Deine Freunde, und der Regenbogen, er reicht vom anderen Ende der Welt bis ins hier und heute, er verbindet Dich mit allen Menschen dieser Erde.

Und mit den Dicken Fischen.

Uwe Pordzik

Kapitel 1

Fliegende Fische

10. Januar - An Bord der Asiana Airlines - von Jürgen & Anjel

Abgehoben.
In der Luft.
Wir gewinnen an Höhe.
Fliegende Fische.
Momentan befinden wir uns bei minus 63 Grad Celsius in etwa 12000 m Höhe.
Wir fliegen über Leipzig, Minsk, Moskau, Novosibirsk.
Die Turbinen schnurren zufrieden und in unseren Ohren hören wir leise "Kalinka" und "Otchi Tschornie" zugleich. Aber vielleicht ist das nur eine russische Halluzination.
Noch 3000 km bis zum Zwischenstopp Seoul (Südkorea), aber fangen wir von Vorne an.

Die letzten Tage in Deutschland hatten einen besonderen Charakter. Langsam begann das Abschied nehmen.
Besuche bei Freunden und Geschwistern sowie den Eltern kündigten den Beginn unserer dreimonatigen Reise an.
Die letzten Konzerte waren im Zeichen des Abschieds.
Die guten Wünsche, viele SMS und einige Anrufe erreichten uns bis zur letzten Minute.
Es war nicht ganz einfach. Trotz der Freude auf das, was da kommen und entstehen mag, lassen wir auch Vieles zurück. Unser Zuhause und unsere Lieben.
Das ließ die Tage vor der Abreise auch manchmal schwer werden.

Drei Monate können eine Zerreißprobe für eine Beziehung werden.
Auch eine Art Stabilitätsprüfung der Beziehung zwischen einer Musikgruppe und ihrem Publikum…
Sind wir - die Dicken Fische - noch hip, wenn wir zurück sind?

Nachdem wir unsere sieben Sachen im Koffer hatten, fiel der Startschuss für die Aktion "Ab in den Süden" um 15.27 Uhr am Hauptbahnhof Stuttgart.
Mit dem ICE nach Frankfurt gezischt, dort eingecheckt, wurden wir mit einem sehr erfreuten, erleichtert wirkenden Lächeln beim "Boarding" begrüßt.
Warum, war uns schnell klar. Die Maschine war bereits startbereit, denn unsere Abflugzeit wurde um eine Stunde vorgezogen, ohne dass uns diese „unwesentliche, kleine Information“ erreicht hatte.
Auf unseren Tickets stand 19.00 Uhr.
Abflug war aber um 18.00 Uhr. Das hätte in die Hose gehen können.
Wir mussten an Bord unsere Handys ausschalten, so fand das letzte Telefonat eben heimlich auf dem Klo statt und schon waren wir in der Luft.

Den Sonnenaufgang erleben wir über der Mongolei und der Wüste Gobi.
Momentan fliegen wir über China Richtung Südkorea.
In Seoul warten sieben Stunden Aufenthalt auf uns, dann geht es mit dem nächsten Flieger nach Sydney.

11. Januar - Inchineon Airport - Korea - von Jürgen

Ortszeit 19.00 Uhr. In Deutschland ist es jetzt 11.00 Uhr vormittags.
Wir sind der Sonne entgegen geflogen, was aber nicht bedeutet, dass es hier wärmer ist, ganz im Gegenteil - eisig kalt ist es.
Mit dem Bus fuhren wir auf einer vierspurigen Stadtautobahn nach Seoul City.
In einem kleinen Café haben wir zum ersten Mal die Gitarren gezückt und nach "Seidentuch in sanftem Juniwind" (einem unserer Songs) glatt einen Applaus kassiert.
Es ist so kalt hier, dass man sofort schlottert und bei unserer Übermüdung (wir sind seit 27 Stunden auf den Beinen) am liebsten im warmen Bett wäre.

Ein riesiger Flughafen, Wolkenkratzer, sowie gewagte Architektur lassen an die olympischen Spiele 1988 zurück denken.

Südkorea, ein Land, in dem die Technologie extrem auf dem Vormarsch ist. An jeder Ecke flimmert ein Flachbildschirm.
Man hat das Gefühl, dass kein einziger Südkoreaner auch nur eine Minute ohne ein Handy existieren kann.
Wir konnten während der Busfahrt auch Kinder mit einer Art Holzschlitten, auf einem zugefrorenen Teich herumrutschen sehen, und Fischer, die bei dieser eisigen Kälte, im Sumpf nach Fischen stochern.

In meinem Handgepäck entdeckten die aufmerksamen Sicherheitsbeamten meine Zange, mit der ich seit Jahren meine Gitarrensaiten abzwicke.
Der Gitarrenkoffer war zwar in Frankfurt schon durchleuchtet worden, aber da ist das Zängchen durchgeflutscht.
Die koreanischen Flugsicherheitsangestellten scheinen ihren Job noch genauer zu nehmen als ihre Kollegen in Deutschland.
Jetzt weilt meine Zange im koreanischen Mülleimer der Flughafenkontrolle und wird in absehbarer Zeit ihr Dasein auf einer Seouler Müllkippe fristen.
Dabei wäre sie so gerne mit auf große Fahrt.
Die Reise verlangt erste Opfer.

12. Januar - In der Luft - von Jürgen & Anjel

Lokale Zeit 4.40 Uhr. In Deutschland ist noch der 11. Januar. Durch den Zeitzonenwechsel leben wir heute schon im Morgen.
Unter uns befindet sich die erste Landspitze Australiens. Plötzlich werden die Dimensionen und Ausmaße dieses Landes klar, denn bis zur Landung sind es noch über vier Stunden. Bis dahin waren wir ziemlich genau 20 Stunden in der Luft.
...in der Luft zwischen gestern und morgen, in der Luft zwischen zwei Ufern, zwei Sprachen, zwei Küchen, zwei Kulturen und zweierlei Lebensgefühl.
Landen wir jetzt in jenem Land, wo morgen das Heute bedeutet?

12. Januar - Sydney - von Jürgen

Seit 8.00 Uhr haben wir wieder Boden unter den Füßen. Und der ist ziemlich heiß. Januar ist in Australien der wärmste Monat des Jahres.
Nach dem Auschecken schoben wir unsere Gepäckwagen aus dem Airport und sofort stieg uns dieser wohlig duftende Geruch in die Nase, der für diese Region typisch zu sein scheint. Eine Mischung aus Eukalyptus, Pinien, Lavendel und Meeresluft.
Berauschend!
Liebe auf den ersten Riecher.
Zwei australische Telefonnummern, die wir von Freunden aus Deutschland bekommen hatten, waren in unserer Tasche.
Wir entschieden uns Ilkay anzurufen, ein Schulpsychologe aus Zypern. Er lebt mit seiner Frau und seinen beiden Söhnen seit 1975 in Sydney.
Durch seine unglaubliche Gastfreundschaft fühlten wir uns schon wenige Minuten, nachdem er uns vom Flughafen abgeholt hatte, wohl und integriert. Er fuhr uns mit seinem Auto durch die Straßen Sydneys. Die Strände die er uns zeigte waren mit Sicherheit genauso ergreifend wie der Linksverkehr, der uns wegen der Übermüdung, wären wir selbst gefahren, total überfordert hätte.
Endlich kamen wir an einen ruhigen Ort mit genügend Schatten und schöner Bademöglichkeit. Ilkay hatte wirklich an alles gedacht: Handtücher, Badehosen und ein Picknick vom Feinsten.
Es war wie ein Segen.
34 Stunden, nachdem wir in Stuttgart aufgebrochen waren, waren wir demzufolge angenehm müde und gesättigt und schliefen unter den Schatten spendenden australischen Bäumen ein.

Kapitel 2

Erste Eindrücke

16. Januar - Langsames Eintauchen - von Jürgen

Drei Tage Sydney liegen hinter uns. Mittlerweile hatten wir Kontakt zu John, einem ehemaligen Pfarrer. Er hat eine ausgesprochen ausgeglichene Art und ein wunderschönes Zuhause in einem denkmalgeschützten, englischen Haus aus der Gründerzeit Sydneys.
Wir folgten seiner Einladung und hatten beim Betreten der Räumlichkeiten das Gefühl, wir kämen in ein Museum. Ein Ausflug in die Vergangenheit. Alte Bilder, antike Möbel und wertvolle Teppiche. Eins passte zum anderen. In einer Glasvitrine bewahrte er Schätze und Erinnerungen, aus vielen Jahren des Reisens, auf. Unter anderem ein Foto von ihm mit der Queen of England.
John ist ein 72 jähriger, humorvoller Mann, braungebrannt und schlank, mit weißem Haar und jeder Menge Lebenserfahrung. Die innere Ruhe, die er ausstrahlte, war auffällig und zog mich sofort in ihren Bann. Seine Art sich auszudrücken war gewählt, elegant und feinsinnig. War das die berühmte, leichte australische Lebensart?
Ganz beiläufig, in einem Nebensatz, erwähnte er einen buddhistischen Tempel, in dem er einige Zeit gelebt hatte. Eine Oase der Ruhe. Eine Inspiration, die mir nicht mehr aus dem Kopf gehen wollte.

Vorgestern waren wir zum ersten Mal in der Innenstadt. Nicht zuletzt, um uns um eine weitere Unterkunft und einen Gig zu kümmern. In einem sehr schönen und modernen Backpacker Hotel namens "Wake up", mitten in der Stadt, trafen wir den Hotelmanager. Wir gaben ihm unsere CDs und nun sind wir gespannt, ob das mit dem Auftritt klappt.

Die Luft ist warm, sauber und duftet. Die Menschen sind locker und freundlich. Wir tauchen langsam ein in das Flair das uns umgibt.

17. Januar - Besuch aus dem Jenseits - von Jürgen

Laut Anjel machte seine Oma den besten Kartoffelbrei. Meine Oma war berühmt für ihre Kartoffelknödel mit Majoran und Sauerbraten. Sie wusste natürlich von meinem Reisevorhaben. Wir hatten oft genug darüber gesprochen.
Ein besonderes Geschenk war, dass sie bis zu ihrem Tod geistig absolut rege war. In der letzten Woche ihres Lebens besuchte ich sie noch drei Mal und konnte mich so in einer wunderschönen Weise von ihr verabschieden. - "Lieber Bub", sagte sie einmal, "es wird langsam Zeit für mich zu gehen", sprach sie ruhig, und ohne Traurigkeit in der Stimme. "Du könntest mit nach Australien kommen", schlug ich ihr vor," und mich auf der Reise vom Himmel aus begleiten." - Sie lag im Bett und lächelte mich gelassen an. "Ja, mein Lieber", antwortete sie, "das werde ich machen".

Der 04. Dezember des vergangenen Jahres war der letzte Tag im Leben meiner lieben Großmutter Paula.
Sie verstarb im Alter von 90 Jahren, im Beisein meiner Mutter und meiner Schwester. Sie hatte ein erfülltes Leben, drei Ehen und zwei Weltkriege hinter sich gebracht.
Sie war ein wahrer Engel auf dieser Erde gewesen, den man einfach lieben musste.
Den Gedanken, dass sie mich nach Australien begleiten könnte, habe ich nicht vergessen. Dass sie es aber tatsächlich schaffen würde, auf sich aufmerksam zu machen, habe ich zu diesem Zeitpunkt nicht geglaubt...

Zurück nach Australien.
Die ersten Tage in Sydney bei Ilkay und seiner Frau lagen hinter uns, als wir von unseren türkisch-australischen Gastgebern mit dem Vorschlag, einen deutschen Auswanderer zu besuchen, konfrontiert wurden.
Wolfgang, so heißt der Gute, ist mit einer Krankenschwester namens Mukaddes verheiratet, und beide leben mit ihrer gemeinsamen Tochter Elvan in Falls Creek.
Das kleine australische Städtchen liegt 150 km südlich von Sydney und überraschte uns nicht zuletzt mit seinen traumhaft schönen Stränden.

Ich erinnere mich an den ersten Telefonkontakt mit Wolfgang, einem 72 jährigen Hessen aus Frankfurt am Main, der trotz seiner 40 Jahre Australien einen Dialekt an den Tag legt, dass man meinen könnte er wollte “Badesalz” Konkurrenz machen.
In Natura erinnert er eher an Heinz Schenk.
Seine Ausdrucksweise, bestehend aus hessisch und englisch, eine Mischung aus Äbbelwoi, Bembel und "bloody everything", schießt absolut den Vogel ab.
Ich konnte mir das Lachen kaum verkneifen, denn schon die ersten zwei Minuten unseres Telefonats waren absolut Comedy tauglich. Heinz “Wolfgang” Schenk. Ein echtes Original.
Für vier Tage wurden wir eingeladen, in seiner Villa zu übernachten, die sich unser hessischer Auswanderer vor zehn Jahren auf ein 20.000 Quadratmeter großes Grundstück hatte bauen lassen, erzählte uns Ilkay. Ein “kleines” Paradies, direkt am Fluss. Wir waren gespannt.

Schon bei der Abfahrt aus Sydney war bei Ilkay eine leichte Anspannung zu verspüren, die wir allerdings nicht recht einzuordnen wussten. Später wurde es uns klar, denn wir hatten etwas Verspätung, und das konnte unser minuziöser, mit Bluthochdruck belasteter Wolfgang überhaupt nicht ab, und das war Ilkay offensichtlich wohl bekannt.

Die Fahrt war spannend und aufregend, kamen wir doch zum ersten Mal aus Sydney heraus und konnten gar nicht genug von den Eindrücken bekommen, die uns von der vorbeihuschenden Natur durch die Fensterscheiben des Autos zuflogen.
Nach einer kleinen Suchaktion fanden wir schließlich das Zuhause unserer nächsten Gastgeber und wurden bereits in der Hofeinfahrt, von einem Kochschürze tragenden, schnaubenden und wetternden Mann mit weißem Haar, empfangen.
Noch bevor ein einziges Wort der Begrüßung gefallen war, ließ Wolfgang, mit dem für ihn typisch knallroten Kopf, eine Standpauke vom Stapel, dass uns Ilkay fast leid tat, der in seiner Vorahnung schon Ähnliches befürchtet hatte.
Wir wurden von Wolfgang ins Haus geschoben.
"Schuhe aus!", befahl er.
"Ran an den Tisch!
Die verbrannten Würstchen auf den Teller!

Mütze vom Kopf!
Ab ins Bad!
Haare kämmen!
Guten Appetit", hörten wir ihn noch sagen, da hatte er schon den Mund voll und nuschelte mit vollen Backen und im breitesten Hessisch seine Weisheiten an uns heran.
Wir saßen da wie zwei Schüler vor Lehrer Hempel, und es dauerte nicht mehr lange, bis sich unserer innere Anspannung in einer Form von Lachsalven entlud, die gar nicht mehr enden wollten.
Auf einmal schlich sich ein Gedanke in meinen Kopf, und ich konnte mich auf nichts anderes mehr konzentrieren. - Meine Großmutter Paula!
Auch sie war in Hessen geboren, hatte ihr Leben lang den gleichen Dialekt wie Wolfgang gesprochen. Plötzlich war sie präsent wie seit unserer letzten Begegnung nicht mehr.
Ich brachte das Thema auf den Tisch und fragte Wolfgang, ob ihm "Seligenstadt", der Geburtsort meiner Großmutter, bekannt sei.
"Abä sischer kenn isch Seligenstadt", ließ er uns wissen, und schon hatte er ein neues Thema gefunden, das er austreten konnte, während ich mir den Zufall bewusst machte, auf der anderen Seite der Erdkugel einen Menschen zu treffen, der mir in unglaublicher Weise meine Großmutter nahe brachte.
Das war der Moment - hätte ich ihn selbst nicht erlebt, würde ich es nicht glauben - in dem sich die Haustüre von Wolfgangs Villa ganz langsam, wie von Geisterhand öffnete und alle, die am Tisch saßen sich nur anschauten, während Anjel das aussprach, was wir alle dachten: "Das ist deine Oma!"
Absolutes Schweigen.
Wolfgang glaubte nicht an solche Sachen, war aber sichtlich beeindruckt und vergaß sogar für einen Moment zu babbeln, um dann die Stille im Raum mit der Bemerkung zu unterbrechen, dass in zehn Jahren, seit Bestehen dieses Hauses, die Türe noch nie!!! - er betonte noch mal "Noch nie!!!" - von alleine aufgegangen sei. Ich war bedient. Wir alle blickten Richtung Tür, während Wolfgang das Schloss untersuchte, um eine technische Erklärung für dieses Phänomen zu finden. Ich erhob mich ebenfalls vom Tisch, ging in den Garten und schaute über das Land.

Die Sonne schien, es war alles sehr sanft und friedlich. Schon jetzt war ich beeindruckt vom Geschehenen, da bemerkte ich die wunderschönen Blumen, die mich umgaben. Mukaddes, eine Gärtnerin

aus Leidenschaft, hatte sich hier ein blühendes Paradies geschaffen. Eines war diesbezüglich bemerkenswert: Wenn meine Großmutter etwas liebte, dann waren es Pflanzen. Das Buddeln in der Erde und vor allem - Blumen, ihre große Leidenschaft. Ich stand da, in diesem Blumenmeer, fing an, mit ihr zu sprechen, gab zu erkennen, dass ich sie spüre und bedankte mich dafür, dass sie ihr Versprechen wahr gemacht und mir diese Begegnung geschenkt hatte. Kopfschüttelnd stand ich da, mit Tränen in den Augen, da fing es an zu nieseln. Anjel kam aus dem Haus, die Sonne leuchtete golden, und in sekundenschnelle entstand vor unseren Augen einer der wohl schönsten, doppelten Regenbogen, den ich je in meinem Leben zu sehen bekam.
Der Regenbogen ist im afrikanischen Glauben das Symbol für - "das Tor zum Himmel".

Wir genossen die Tage bei Wolfgang und seiner Familie, erkundeten die Gegend, die traumhaft schönen Strände um Nowra und hatten unsere erste Begegnung mit wilden Wallabys, eine kleinere Art Kängurus, die in der Abenddämmerung am Waldrand grasten.
Langsam schlichen wir uns in ihre Nähe und konnten sie so eine ganze Weile beobachten, bis die Herde schließlich in die Geborgenheit des Waldes hüpfte.
Tagsüber waren wir meistens unterwegs oder am Komponieren.
An unserem Abschiedsabend kamen wir noch einmal auf das Thema "Spiritualität", "Leben nach dem Tod" und "das Sterben" zu sprechen.
Diesmal war es Wolfgangs Frau Mukaddes, die, obwohl sie sonst eher ruhig und zurückhaltend war, einiges zu berichten hatte: In ihrem Beruf als Krankenschwester war sie oft genug mit dem Sterben von Menschen konfrontiert gewesen und hatte so, aus ihrer persönlichen Erfahrung heraus, ein eigenes Bild vom Tod.
Sie erzählte uns von einer Nacht, in der sie zwei Sterbende, die in benachbarten Zimmern lagen, aufsuchte, um deren Befinden zu überprüfen. Gerade noch hatte sie sich von der ersten Frau verabschiedet, als sie beim Betreten des Nachbarraumes eine seltsame Beobachtung machen konnte. Die darin liegende Patientin starrte in eine Ecke an der Decke und schien eine ganz klare und deutliche Erscheinung zu haben. Sie sprach immer wieder den Namen der im benachbarten Zimmer liegenden Frau aus und konnte sich kaum beruhigen. "Ich sehe ihr Gesicht. Sie ist da! Hier oben an der Decke!", hörte Mukaddes sie sagen. "Ich sehe sie ganz genau, wie

sie mich von oben anschaut!". "Beruhigen sie sich", sagte Mukaddes zu ihr, "es ist alles in Ordnung. Eben war ich noch bei ihr. Es geht ihr gut! Sie schläft gerade ein!" - Mukaddes folgte den Blicken ihrer aufgewühlten Patientin und konnte nichts dergleichen erkennen. "Ich werde noch einmal zurückgehen und die Lage überprüfen, dann können sie sich beruhigen", sagte sie und verließ das Zimmer, um genau das zu entdecken, was sie insgeheim schon ahnte - die Patientin aus dem ersten Zimmer war genau in den letzten Sekunden, also in dem Zeitraum der Erscheinung verstorben.
"Ich habe viele erstaunliche und unerklärliche Dinge erlebt in meiner Zeit als Krankenschwester, und auch danach", erzählte sie uns. "Ich bin sehr sensibilisiert für Eingebungen dieser Art."
"Ich war es übrigens auch", beendete sie, "die den Einfall hatte, euch beide hier her einzuladen."
"Wolfgang wäre nie auf die Idee gekommen. Das war ich. Ich kann es mir selbst nicht erklären, aber der Gedanke war auf einmal in meinem Kopf und ließ mich nicht mehr los. Bis ich schließlich zu Wolfgang sagte, rufe Ilkay an und frage die deutschen Jungs, ob sie Lust haben, für ein paar Tage unsere Gäste zu sein."
Ich hatte begriffen. Auf einmal machte alles Sinn.
Meine Großmutter hatte die Hellhörigkeit von Mukaddes genutzt um uns an diesen Ort zu bringen. Durch die Begegnung mit Wolfgang und seinem unverkennbaren Dialekt, der auch der ihre war, kam sie mir in den Sinn. Die Haustür ging auf, um das Ganze deutlich zu machen und mit dem doppelten Regenbogen machte sie mir ihr Dasein in der neuen Art und Weise bewusst.
Liebe Großmutter, ich war beeindruckt, als ich es erleben durfte, ich bin gleichsam beeindruckt im Moment des Schreibens und ich weiß einmal mehr, dass du existierst, in einer neuen Form, in einer neuen Dimension. Du hast deinen Körper verlassen, aber du bist da!
Du hast dein Versprechen gehalten.

Kapitel 3

Dicke Fische in Sydney

19. Januar - Zurück in Sydney - von Jürgen

Gerade ist unser „Hessi James Wolfgang“ mit seiner Familie abgefahren. Er hat uns zurück nach Sydney gebracht, bei Ilkay abgesetzt und in einer halben Stunde brechen wir von dort auf in die Innenstadt.
Die Tage bei Wolfgang waren für uns ein weiteres "Ankommen". Wir haben zwei Songs geschrieben: "Sei nicht traurig" und "Ich schließ die Augen". Eindeutig Lieder, die sich mit dem Abschied nehmen und der Verbundenheit beschäftigen, die trotzdem besteht, auch wenn tausende von Kilometern zwischen uns und den von uns geliebten Menschen liegen.

Sei nicht traurig

Ich kann mich noch genau erinnern
wie wir uns begegnet sind
hab gedacht der Typ an deiner Seite sei dein Mann
und ich dachte der hat's gut
Du hast gefragt "Wer bist'n Du?"
und dass man auf die Band gespannt sein kann

Wir haben gespielt die ganze Nacht
und ich hab Dich tanzen seh'n
wollte damals schon nicht weg von Dir

Sei nicht traurig, wenn ich nicht bei Dir bin
sei nicht traurig, es hat seinen Sinn
selbst wenn wir jetzt
in verschiedenen Meeren schwimmen
ist das Wasser niemals tief genug
die Welt noch lang nicht groß genug

die Nächte niemals schwarz genug
dass wir uns verlier'n

Und dann bin ich losgezogen
hab mich durchgekämpft zu dir
wollte wissen was du denkst und was du fühlst
ich fahr ab auf deine Witze
und ich lieb dich wie du bist
denk daran wenn du in deinen Ängsten wühlst

Wir haben gespielt die ganze Nacht
und ich hab Dich tanzen seh'n
wollte damals schon nicht weg von Dir

Sei nicht traurig, wenn ich nicht bei Dir bin
sei nicht traurig, es hat seinen Sinn
selbst wenn wir jetzt
in verschiedenen Meeren schwimmen
ist das Wasser niemals tief genug
die Welt noch lang nicht groß genug
die Nächte niemals schwarz genug
dass wir uns verlier'n

Wir haben noch nichts Definitives wegen einem möglichen Auftritt im "Wake up" gehört. Heute Abend ist dort Live Musik. Wir werden uns den Club und das Geschehen mal genauer anschauen.
Wir haben uns entschieden, für weitere vier Nächte in der Stadt zu bleiben, dann wollen wir ins Inland. Es gibt in 100 km Entfernung ein riesiges, von Bergen und Tälern zerklüftetes Waldgebiet: den „Blue Mountains National Park“.
Irgendetwas zieht uns dort hin.

20. Januar - Nach der Vorpremiere in meinem Kopf - von Anjel

Tausend Gedanken vibrieren im meinem Kopf...
Geht es vielleicht auch darum, das Loslassen zu lernen?
Das Loslassen zu üben?
Alles, was man am liebsten festhalten würde, lässt man auf einmal los.
Auch wenn es anfangs weh tut.
Und wir alle müssen loslassen, denn volle Hände können nichts neues aufnehmen.
Jetzt hocken wir in Sydney, um so viel vertraut Gewordenes, Geliebtes und Gewohntes loszulassen.
Zu hart...?
Übertrieben mutig...?
...oder längst fällig geworden...?
All das Schöne und Bequeme loszulassen, um es wieder richtig schätzen zu lernen?
All das Vertraute, bei jedem Einschlafen, in Gedanken zu umarmen.
Wenn wir das Licht hier ausmachen, am anderen Ende der Welt, machen alle uns Vertrauten das Licht an, weil sie gerade aufstehen.
Als ob wir auf einmal aneinander vorbei leben würden, mit all dem, was wir am meisten lieben, was wir am meisten schätzen…
Aus diesen Gefühlen und Gedanken ist dieses Lied entstanden.

Ich schließ die Augen

Ich sitz‘ allein hier
denke an Dich
an Deine Wangen
und an das Licht um Dich

An Deine Hände
an Deinen Charme
an Deine Nähe
ja, jetzt ist mir warm.

Ich schließ die Augen zu
was ich jetzt sehe bist Du
fühl‘ mich erfüllt von dem Licht

sehe vor mir Dein Gesicht
und will glauben
dass dieses Licht niemals zerbricht

Ich sitz‘ allein hier
denke an Dich
an Dein zartes Schweigen
das klar zu mir spricht

Fühl mich mit Dir verbunden
und mit der ganzen Welt
ich spür‘ den Zauber der Stunde
pfeife auf's Geld

Ich schließ die Augen zu
was ich jetzt sehe bist Du
fühl‘ mich erfüllt von dem Licht
sehe vor mir Dein Gesicht
und will glauben
dass dieses Licht niemals zerbricht

Wenn zwei liebende Menschen schweigen, hört ein Herz nicht auf, dem anderen Herzen zu lauschen. Letztendlich werden in einer Beziehung die meisten Gedanken und Wünsche ohne Worte erfasst.
Ist es nicht unser aller unausgesprochener Wunsch sich ohne Worte zu verstehen?
Irgendwie ist es doch das Stumme, was wir am lautesten in unserer Seele hören.

Tausend Gedanken, die sich gegenseitig zu überholen scheinen, bei Linksverkehr hier am anderen Ende der Welt, wo das Wasser tatsächlich andersrum abfließt.
Warum eigentlich, fragt man sich?
Angeblich hat es mit der Rotation der Erde zu tun...
Wenn es so ist, frage ich mich: "Fließen auch die Gedanken andersrum?“
...wird vielleicht unsere Denkweise dadurch auch beeinflusst?
…werden sich die neuen Gedanken mit den Alten vermischen oder gar bekämpfen?

Es wird sich zeigen, vielleicht schon bald, vielleicht schon morgen...?

So viele neue Gerüche und Geschmacksfacetten, so viele neue Einflüsse und Einstellungen, so viele neue Menschen - das ist das Schönste am Reisen.
So viel Neues, dass man langsam wirklich mit dem Gedanken vertraut wird, dass das einzig Konstante im Leben - nun mal - die Veränderung ist...

Heute sind wir zum ersten Mal in Sydney vor australischem Publikum aufgetreten, und die Resonanz war berauschend.
Etwa 350 Zuschauer und der Hotelmanager waren so begeistert, dass wir hier morgen ein ganzes Konzert spielen werden. Die vierzigminütige Vorpremiere war eine Art Test, ob unsere Musik „Australien kompatibel" ist.

Auch nach so vielen Jahren des Musikmachens, sind wir immer wieder erstaunt, welche Energie und Kraft die Musik in sich birgt - wenn sie sämtliche nationalen, sprachlichen, religiösen und altersunterschiedlichen Barrieren überwindet.
Wenn sie uns, wie ein unsichtbarer Nebel aus positiven Vibrationen, umhüllt. Kurzum - alles, was die Politik nicht in der Lage ist zu schaffen, obwohl das ihre Hauptaufgabe sein sollte.
Klarer Fall: Musik ist besser als Politik!
Unglaublich, unfassbar, zauberhaft, zerbrechlich, vergänglich und gerade deshalb so berauschend.
Bei unserer Musik, ganz unten, hinter allen Zeilen und den Räumen dazwischen, sollten zwei Unterschriften stehen. Die eine könnte man als "Respekt" entziffern und die andere als "Liebe."
Die Musik ist der größte Teil unseres Lebens.
Ohne Musik, in welcher Form auch immer, könnten wir das Leben nur halb so intensiv genießen, denn Musik ist ein Teil der Liebe, und davor haben wir einen tiefen Respekt.
Wir sind Dir sehr dankbar; ja, Dir, der Du das hier liest, denn ohne Dein Interesse an uns wären wir - Dicke Fische - nicht existent. Und ohne, dass wir existieren, könnten wir keine Musik machen, die irgendjemand hören kann.
…und das wäre jammerschade.

Wir umarmen Dich ganz fest.
Auf dem Grund des Selbst ist die Ruhe und auf dem Grund der Ruhe ist die Liebe…

21. Januar - Nach dem Auftritt - von Jürgen

Drei Uhr nachts.
Unser erster Gig in Australien liegt hinter uns. Drei Sets in der Sidebar vom Wake up. Nie zuvor hatten wir so eine Reaktion auf "Don't look back in anger" oder "Creep".
80 % Engländer in der Location. Wir spüren die pulsierende Großstadt. Auf einem großen Schild, am Eingang zum Club, stand: "Big Fish", so nennen sie uns hier. Unser Publikum zeigte neue, teilweise unerwartete Reaktionen auf unsere Songs.
Viele haben sich anschließend bei uns für die Musik und den schönen Abend bedankt. Da war der Schotte aus Glasgow, den wir wegen seines Akzents kaum verstanden (er sah aus wie der junge, lachende Buddha und opferte seine letzte Kohle um uns ein Bier nach dem anderen auszugeben), oder ein australischer Barkeeper, der total begeistert war, eine riesige Gruppe von Engländern, die direkt nach dem Auftritt Fotos auf der Bühne mit uns schossen, eine nette Schweizerin, die selbst Gitarre spielt und uns zwei Plektren mit australischer Flagge geschenkt hat. Ein Abend, der im Gedächtnis bleiben wird.

Nun sind wir müde, aber happy. Unseren offiziellen Einstand haben wir mit Bravour bestanden. Angenehm war die Einstellung des Veranstalters: "Fangt an wann ihr wollt, macht Pause solange ihr es für richtig haltet, spielt wie ihr Lust habt".
Das ist relaxt, das ist Australien. Die Tatsache, dass wir Musiker sind, ermöglicht uns tatsächlich eine andere Art des Reisens, denn die Menschen, die wir mit unserer Musik berühren, öffnen uns ihr Herz.

22. Januar - Wunderbares Sydney - von Jürgen

Die Harbour Bridge, die berühmte Oper, den botanischen Garten, all das wollten wir uns nicht entgehen lassen und beschlossen am heutigen Tag unsere Füße ihres Amtes walten zu lassen und zogen los. Ausgerüstet mit allem was man so braucht. Stadtplan, Kamera, Fotoapparat und der nötigen Portion Neugier und Tatendrang.
Ein bisschen fühlten wir uns schon zuhause, und so ging es vom Wake

up die George Street entlang, erstmal zum Hidepark. Eine riesige Allee, an deren Ende ein schöner Springbrunnen seine Wasserspiele treibt, war wie der Eingang in eine Welt des Entdeckens.
Eine Gemeinsamkeit von Anjel und mir, die mir schon am Flughafen, wie nie zuvor aufgefallen war, ist die, dass wir beide wunderbar durch die Welt stiefeln oder besser gesagt "schwimmen", um dabei beobachten, und betrachten zu können.
Wie zwei Fische, die durchs Wasser gleiten.
Den Mund offen und alles einsaugen.
Eindrücke einatmen.
Wir haben glücklicherweise noch nicht verlernt zu staunen und zu bewundern.
Kurz vor dem Brunnen, auf einer Bank, saßen vier Brautpaare. Die Bräute alle in leuchtend roten Kleidern. Aufgeregt und voller Begeisterung hatte sich eine Gruppe Japaner vor ihnen angesammelt. Jeder von ihnen wollte sich mit den Bräuten ablichten lassen und es war eine Freude, diesem Treiben zu zusehen. Ich fotografierte zuerst die Japaner.

Als wir im „Royal Botanic Garden“ ankamen, bot sich uns ein überraschendes Bild. Auf einer sehr großen Lichtung saßen und lagen Leute. Teils auf Decken, teils unter kleinen Zeltplanen. Rechts von uns war eine riesige Bühne aufgebaut. Bildschirme an den Seiten, Lichter, Mikrofone, Stühle, Mischpult, Lautsprecher. Es roch nach Livemusik. Wie ich aus einem Gespräch mit einem Neuseeländer erfuhr, waren die Menschen teilweise schon vor zwei Tagen angereist und hatten sich einen der begehrten Plätze, direkt vor der Bühne reserviert. Am Abend sollte ein Konzert des „Sydney Symphonic Orchestra“, mit anschließendem Feuerwerk stattfinden. Das Ganze unter freiem Himmel, bei angenehmen 25 Grad mitten im Januar. Was will man mehr. Am Abend sollte der komplette Platz mit tausenden von Menschen gefüllt sein, so der freundliche Neuseeländer, der sich hier als Helfer ein paar Dollar dazu verdiente. Ich war gespannt und beschloss am Abend zum Konzert zu gehen.

Bis dahin hatten wir noch einiges vor uns und zogen weiter, vorbei an Bäumen aller Art und Vielfalt. Ein ziemlich ulkiger Baum mit unfassbar dickem, kugeligem Stamm stand da, als sei er ein Bandmitglied.
Die "Dicken Fische" und der "Dicke Baum". So machten wir ein Foto mit Selbstauslöser und bliesen die Backen auf, als könnten wir gar nicht

dick genug sein. Die Wurzeln dieser Bäume wurden früher von den Aborigines verzehrt. So wie dieser Baum aussah, sind sie ziemlich nahrhaft.
Unser Ziel schon fast vor Augen, ging es weiter im Park, von dessen Ende man einen tollen Ausblick auf die Harbour Bridge und die Oper haben sollte.
Wer kennt sie nicht, die Bilder dieses kunstvollen Bauwerks? Als wir aber davor standen, staunten wir nicht schlecht über die gigantischen Ausmaße dieser architektonischen Meisterleistung. Begeisterung auf der ganzen Linie. Perfekt in die Landschaft eingefügt, erinnern die geschwungenen, weißen Dächer der Oper an mächtige Schnäbel, die aus dem Erdreich ragen. Stabil, aber nicht klotzig. Trotz der Ausmaße grazil wirkend. Ein Erlebnis. Was für ein mutiger und fantasievoller Architekt, dachten wir. Vor der Oper saßen Menschen auf großen Steinstufen und betrachteten eine Leinwand, auf der ein Spiel der "Australien Open" in Melbourne übertragen wurde. Warme Luft, Meer, die Oper und Menschen, die das Leben genossen. Wir mittendrin.
Ich war froh in diesem Moment an diesem Platz zu sein.

Die Harbour Bridge, das einstige Wahrzeichen Sydneys, spannte ihre metallenen Bögen vor unseren Augen über das Wasser. Ein ebenfalls sehr imposantes Bauwerk.
Wir zogen weiter, liefen zwischen alten Gebäuden englischen Baustils und modernen Wolkenkratzern durch die belebten Straßen Sydneys, als uns der Anblick von Sushi, das mir bis dahin relativ unbekannt war, in den Bann zog.
Mit Stäbchen und Sojasoße und, nicht zu vergessen, dieser unglaublich scharfen grünen Paste wollten wir uns eine Vorspeise gönnen, die sich aber nach der zweiten Portion als Hauptgericht herauskristallisierte. Waren wir am Anfang mit der meerrettichähnlichen Zutat noch vorsichtig, mussten jetzt schon zwei Tütchen dran glauben und wir hüpften durch den Sushi Imbiss, weil uns die Schärfe dermaßen am Hirn kitzelte, dass sich die Beine wie von selbst bewegten. Seitdem ist keine Sushibar mehr vor uns sicher.

Der Rückweg führte uns noch kurz durch „Chinatown“ und die riesigen „Paddy Markthallen“, dann mit müden Füßen in unser Zimmer im Hotel.
Das Konzert am Abend nahte. Ein Blick aus dem Fenster offenbarte den lang ersehnten Regen, für den hier so mancher gebetet hatte. Buschfeuer

sind zu dieser Jahreszeit keine Seltenheit. Trotz der schmerzenden Sohlen machte ich mich noch mal auf und ging den bekannten Weg zum „Hide Park“. Der Regen hatte mittlerweile wieder aufgehört. Die Allee, die uns bei Tage schon begrüßt hatte, war nun mit tausenden von kleinen Lichtern beleuchtet. Ein Stück Märchenland. Ich lief durch den künstlichen Sternenhimmel und war gespannt auf das Konzert.
Die Luft roch nach Sommer. Wie angekündigt war die Lichtung voller Menschen. Es war eine friedliche Stimmung. Alle saßen oder lagen auf der Wiese. Ich entdeckte ein kleines Plätzchen relativ nahe an der Bühne, die sich halb links von mir befand.
Das Konzert begann. Musiker über Musiker. Streicher, Bläser, Pauken, ja selbst die Triangel fehlte nicht und die Stimmung, dic in diescr Nacht durch den „Botanic Garden“ strömte, passte einfach. Sie spielten moderne und klassische Interpretationen, von Abba bis Tschaikowski.
Kann man sich nach so kurzer Zeit in Sydney schon zuhause fühlen? Für ein paar Momente schien es so. Als beim Finale das Feuerwerk losging, war ich mittendrin im australischen Hochgefühl. Alle waren happy. Vom Kleinkind, das verzaubert in die verglühenden Funken seiner Wunderkerze schaute, bis zur Oma, die mit dem Gläschen Sekt in der Hand in ihrem Klappstuhl saß. Die Musiker wurden gefeiert und ich schaute mich um, wie das Ganze wohl von der Bühne aussehen musste. Tausende von Menschen, die Skyline der Hauptstadt, die Bäume des Gartens ...
Ich musste daran denken, wie der Dirigent, der momentan absolut im Mittelpunkt stand, später alleine in seinem Hotelzimmer sitzt. Wie er vielleicht zurückdenkt an den Applaus, an das Konzert. Wie er müde ins Bett fällt und glücklich ist, dass es ein gelungener Abend war. Irgendwie kam mir das bekannt vor. Wie oft kam ich selbst vom Auftritt nach Hause, Musik und Gespräche noch in den Ohren, das Erlebte noch einmal Revue passieren lassen, Bilder wie bei einer Diashow vor Augen, dann die Ruhe, die Zufriedenheit, und die Reflexion über das, was gut war und was man hätte anders machen können. Gedanken eines Musikers.

Ein Tag ging zu Ende. Ein Tag der angefüllt war mit vielen großen Eindrücken, die alle erlaufen sein wollten. Der Heimweg zum Hotel bildete den Abschluss der vielen Kilometer.
Die Füße taten weh, aber selbst mit geschlossenen Augen fühlte ich mich lächeln.

Kapitel 4

Meditierende Fische

23. Januar - Die Reise nach Katoomba - von Anjel

Wir haben einen Tipp von unserem Bekannten John bekommen, als er im Gespräch mit uns bemerkte, dass wir uns für buddhistische Tempel und die Meditation interessieren.
In den Blue Mountains befindet sich der erste in Australien gegründete buddhistische Tempel. Ganz klein, aber fein. Vom selben Architekten, der das berühmte Sydney Opera House entworfen hat, das wir gestern noch mit Bewunderung betrachtet hatten.
Nachdem wir unsere Sachen gepackt hatten, setzten wir uns voller Erwartungen ins Auto und ab in die Blue Mountains.
Das blaue Schimmern im Sonnenlicht gab den "Blauen Bergen" ihren Namen. Dies wiederum kommt vom verdunstenden ätherischen Öl der Eukalyptusbäume.
Ungefähr 100 km westlich von Sydney liegt das Zentrum dieses wunderschönen Nationalparks.
Unterwegs bewunderten wir die Bäume, Flüsse, Landschaften, die Natur in ihrer Großzügigkeit an Farben, Vielfalt und Raum. Wunderschön blau erschienen uns die Berge am Horizont. Je näher wir kamen, desto grüner wurde es um uns herum, nur der Horizont blieb immer blau.
Als wir in Katoomba ankamen und zum ersten Mal die "Three Sisters" (drei riesige Felsen am Rande einer tiefen und breiten Schlucht) betrachteten, hatte ich ein Gefühl, als ob meine Lunge auf einmal doppelt so groß wäre.
Ich wusste nicht genau, ob es an der frischen Luft lag oder an der optischen Darbietung, die uns die drei Schwestern boten.
Als kleiner Junge dachte ich (aus irgendeiner Intuition heraus): "Die Seele wohnt in unserer Lunge."
Ja, aus irgendeinem unerklärbaren Grund war ich überzeugt davon.

Eine Schlucht, die ein bisschen an den "Grand Canyon" - Arizona, USA erinnert.
Am Rande stehen drei monumentale Felsen, die wie drei Mädchen auf dem Weg zur Schule wirken.
Mit ein wenig Fantasie kann man sie in diesem gigantischen Panorama als drei unbeschwerte Wesen fröhlich über die tiefe Schlucht schweben sehen.
Junge Mädchen, die Jahrmillionen alt sein müssen.
Kleine Mädels, die 400 Mal größer sind als wir...
Plötzlich spürten wir irgendetwas Knisterndes in der Luft.
Die feuchte, frische Luft wirkte jetzt wortwörtlich elektrisierend und lies meine Haare zu Berge stehen.
Meine Frisur, mit den nach oben aufgestellten Haaren sah auf einmal aus, wie der Kopf von Struwwelpeter, nachdem er in der Steckdose gefummelt hat.
Jürgen traute seinen Augen nicht als er mich sah, griff nach der Videokamera und filmte diese bizarre Szene.
Die Luft brutzelte…
Ich stellte mir vor, dass man sich genauso fühlen muss, wenige Sekunden bevor man von einem Blitz erwischt wird.
Vielleicht wirkten diese Augenblicke genau aus diesem Grund so intensiv prickelnd und wertvoll.
Vielleicht waren wir in absoluter Lebensgefahr, und dies hätten unsere letzten Momente sein können, ohne dass uns es bewusst wurde.
Die spürbare Elektrizität, die in der Luft lag, wirkte wie eine seltsame Art einer unbekannten Energie, die vitalisierend und aufregend war.
Der Blitz entschied sich in letzter Sekunde anders und schlug mit gigantischer Wucht wenige hundert Meter von uns entfernt ein.
Ganz in der Nähe krachte es ohrenbetäubend.
Ein Hauch von Gefahr und Vergänglichkeit saß in den Wolken…
Schnell aufsteigende Wolken, die tief in der Schlucht in die wir blickten geboren wurden, schossen an uns vorbei, um sich direkt vor unseren Augen demonstrativ in Nichts aufzulösen.
Das alles wirkte wie ein Vergrößerungsglas des Augenblicks und dessen Zeitlupe zugleich. Ein Vergrößerungsglas, das all die Schönheit um uns herum intensivierte. Vor unseren Augen lagen die „Drei Schwestern“ und zu ihren Füßen junge, frische Wolken in dieser monumentalen Schlucht voller unzähliger Eukalyptus Bäume…

Wir standen da und staunten über die Großheit dieses Bildes und über die Winzigkeit von uns Menschen.
Klar, benutze ich sprachlich unkorrekte Worte, aber es gibt keine richtigen für das, was wir fühlten...

24. Januar - Die Suche nach der Stille - von Anjel

Wir suchten und fanden den buddhistischen Tempel, den ältesten auf dem fünften Kontinent.
Wir klopften an die Tür und es wurde uns geöffnet.
Ein jung aussehender Mönch in bordeauxroter Robe machte uns auf, lächelte freundlich und ließ uns ein.
Vor uns stand Venerable Kudagala Kovida.
Wir stellten uns vor und spürten, dass wir willkommen waren. Wir konnten mit ihm reden, lachen, staunen...
Wir stellten einander Fragen und er lächelte ein Lächeln, das er wahrscheinlich seiner Zufriedenheit und Ausgeglichenheit zu verdanken hat.
Wir erzählten über unsere Musik, über unsere Suche nach Inspiration und der Suche nach der Stille…
Er lächelte, als ob er uns seit Jahren kennen und uns bis ins letzte Detail verstehen würde. Er lächelte so, dass man nichts anderes als zurücklächeln wollte.
Es war ein wahrlich ansteckendes Lächeln.
Erst auf den zweiten Blick und bei genauerem Hinsehen erkannten wir, dass er gar nicht so jung war. Sein Lächeln und seine Zufriedenheit ließen ihn so jung wirken.
Er sagte, er schreibe auch Gedichte, um die Menschen zu erfreuen und las uns eines vor.
Wir standen beide ganz gebannt da und es ging uns unter die Haut.
Gebannte Fische.
Fische, die nicht verlernt haben, sich zu wundern.
Er lächelte…
Ein Gedicht, das uns erfreute, ein Gedicht, das uns sein Lächeln in die Gesichter zauberte. Sein Gedicht war ein Wunsch in dem er seinen Lehrern, Nachbarn, seinen Eltern, Geschwistern, Verwandten und seinen Freunden aber auch Feinden Glück und Wohlergehen wünschte.

Friedliche harmonische Gedanken, die uns sofort erwärmten an diesem verregneten Tag. Draußen rauschte leise der Regen, der auf einmal so friedlich und beruhigend wirkte.
Wie von den Göttern fallen gelassene Tränen der Freude, die den Durst der Blumen und der Bäume stillten.
Auf einmal wurde mir klar: Der Regen war ein Geschenk des Himmels.
...und ich war mir sicher - irgendwo da draußen schwebte auch ein Regenbogen.

Es wurde mir bewusst, wie viel Zauber jeder einzelne Moment unseres Lebens in sich birgt. Jedes Tröpfchen, das wahrgenommen wird, jeder Kuss, jedes Lied, das von der Seele losgelassen wird...
Ich spürte einen Regenbogen in meiner Lunge...
Was für ein besinnlicher Ort.

Der Regenbogen, den ich irgendwo da draußen vermutete, genau dieser Regenbogen war jetzt in meiner Lunge...
Wie war das noch mal mit dem Wohnort der Seele?

Jürgen fragte den Mönch Kudagala Kovida, ob er gerade alleine im Tempel sei. Er lächelte und antwortete: "Nein, ich bin hier nicht alleine, ich bin hier zusammen mit dem ganzen Universum".
Jetzt lächelten wir alle.
Auch seine Zufriedenheit war ansteckend, und Zufriedenheit ist letztendlich der größte Reichtum.

Ein neuer Gedanke wurde gerade gezeugt und ungefähr zwei Stunden später in unserem Hotel geboren.
Was war da gezeugt und geboren worden fragst Du?
Wir fragten den Mönch Kovida, ob er uns sein Gedicht **"May all beings be happy"** geben könnte, damit wir es in einen Song verwandeln.
Da er uns erfreuen wollte, konnten wir zwei Stunden später aus seinen Worten ein Lied entstehen lassen.
Wir haben kleine Variationen modifiziert, den Text leicht verändert und ergänzt. Ein Vers und ein Refrain, die sich wiederholen (als Parallele zur Reinkarnation und einem Leben, das mit dem Tod nicht beendet wird).
Der Text ist ein Wunsch, der durch seine Erfüllung nicht stirbt...
Denkst Du, dass die Erfüllung eines Wunsches dessen Tod bedeutet?

Ich glaube, dass das Aufgeben eines Wunsches dessen Tod ist und nicht seine Erfüllung. Und ich glaube auch, dass alle ernst gemeinten Wünsche früher oder später in Erfüllung gehen, wenn man sie mit vollem und ganzem und nicht nur mit halbem Herzen verfolgt.
Wir haben zusammen mit dem freundlichen Mönch Kudagala Kovida, der, wie wir jetzt wissen, der oberste buddhistische Mönch vor Ort ist, ein gemeinsames Lied komponiert, um Dich zu erfreuen.
Genauso, wie wir damit erfreut wurden. Freude und Lächeln verbreitet sich so schnell wie der Wind, und bald wirst Du selbst fühlen können, ob Du Dich von dieser Freude anlächeln lässt, oder lieber doch nicht. Ein mürrisches Gesicht ist auch was Feines.
Hauptsächlich für die Murrenden aus Murrendorf, aus dem Kreis Murrenhausen, in Murrland. Wir denken, von allen, die das hier lesen, fühlt sich keiner angesprochen (grins).
...oder ist da draußen doch ein Murrender mit von der Partie?
Bald wirst Du das neue gemeinsame Lied von Venerable und den "Dicken Fischen" hören und dann sehen wir - besser gesagt - hören wir weiter und weiter...
Dann hören wir auf, nur wir selbst zu sein... Dann werden wir ein Teil des Liedes, ein Teil der Poesie, ein Teil der ewigen Musik sein, und somit für einen kurzen Augenblick mit der Ewigkeit verschmelzen... Oder doch lieber ein mürrisches Gesicht?
Du hast die Wahl.

Hast Du schon darüber nachgedacht, warum wir ständig mit negativen Nachrichten gefüttert werden? Es gibt doch auch so viel Positives.
Warum suhlen wir uns so gerne im Nachrichtenschlamm, der uns tagtäglich von der Glotze zwischen die Augen geschleudert wird?
Es kann doch nicht sein, dass wir alle Masochisten sind!
Warum schalten wir nicht um, oder gar aus?
Warum weigern wir uns die Stille zu genießen?
Aus Angst etwas zu verpassen?

Aus Angst in der Glotze etwas zu verpassen, verpassen wir unser eigenes Leben.
Genau an der Stelle, an der wir die künstlich angelegten Probleme einer künstlich angelegten Daily Soap inhalieren, verlieren wir ein echtes Stück unseres echten Lebens.

Während die Gegner in der Serie wieder zueinander finden, ver-

lieren wir unsere Liebsten, auch wenn nur für diesen kleinen Moment, in dem wir gerade in die Kiste glotzen.
Ich weiß, wovon ich rede, denn ich war auch mal ein Fernsehjunkie, ja ein richtiger Fernsehsüchtiger, der nichts verpassen wollte...

25. Januar - Taxi zum Tempel - von Jürgen

Nachdem der Regen heute Nachmittag aufgehört hatte, habe ich mich entschieden, zum Kloster zu gehen, denn jeden Morgen und Abend ist dort eine Stunde Meditation.
Es sind zwanzig Minuten zu Fuß, durch eine wunderschöne Gegend. Hier blühte der Flieder, da flog ein roter Papagei, dort saßen Kakadus. Es roch nach frischer Waldluft. Sauber vom Regen und den hunderten von Quadratkilometern Eukalyptusbäume der Blue Mountains.
Ich ging zügig, aber nicht hastig und stimmte mich auf das bevorstehende Erlebnis ein.
Ganz bewusst wollte ich die Chance, die sich mir bot, genießen. Und tatsächlich, vielleicht auch durch den Abstand vom Gewohnten, gelang es mir für einige Augenblicke komplett im Hier und Jetzt zu sein.
Plötzlich stellte sich ein Gefühl ein, das ich so noch nicht kannte.
Ich hatte den Eindruck der Bewohner meines Körpers zu sein.
Ich fühlte die zwei Komponenten Körper und Geist. Es kam mir vor als sei ich das Bewusstsein das Befehle erteilt, und mein Körper das ausführende Instrument. Mein Bewusstsein hatte den Wunsch geäußert zum Tempel getragen zu werden und alles, meine Füße, meine Beine, meine Arme, selbst meine Lunge, setzten sich nur dafür ein, mir dies zu erfüllen.
Als säße ich in meinem Kopf, die Augen wären die Fenster und ich hätte zum Taxifahrer gesagt: "Zum Tempel, bitte!".
Es war ein unglaubliches Gefühl. Mein Körper lief von alleine, ich hatte Zeit während dessen durch die Fenster meiner Augen zu schauen und all das zu beobachten, was sich um mich herum abspielte.
Mein treuer Körper, mein Freund, der für mich arbeitet. Ich musste an die ganzen Dinge denken, die ohne mein bewusstes Zutun ablaufen: Der Herzschlag, das Atmen, das Heilen von Wunden. Ich war dankbar. Mir kam in den Sinn wie idiotisch es, ist dieses wunderbare Instrument Kör-

per mit Alkohol, Nikotin, Giften jeglicher Art, ja selbst Stress zu belasten, anstatt es zu hegen und zu pflegen wie den neuen Daimler, den so mancher Schwabe am Samstag schrubbt und ledert. Sein "Heilix Blechle".

Mein Körper - mein Tempel.

Ich war so dankbar für dieses Geschenk und die Treue meines Körpers. Mir kam in den Sinn, was für Befehle ich noch erteilen könnte. Zum Beispiel: "Nimm ab!", würde er darauf reagieren? Die Antwort war mir sofort klar: Er würde. Genauso lange, bis der Dirigent dem ganzen Orchester zubrüllt: Hände: packt die Schokolade aus - Mund: öffne dich - Finger: steckt das Zeug sofort in die Öffnung - Zähne: kaut, kaut, kaut. Gut, und jetzt schlucken!

Es war mir klar, dass ich nicht nur die Musik meines Lebens aussuche, sondern auch in welchem Tempo, mit welcher Intensität, mit welcher Liebe und Aufmerksamkeit die Stücke gespielt werden. Der Dirigent im Orchester.

Ich ließ meinen Körper laufen, sah noch ein bisschen aus dem Fenster meiner Augen, bog in die Cliff Road, am Rande Katoombas, dort, wo der Busch beginnt, und somit ging mein Wunsch in Erfüllung: Ich war beim Tempel.

Gerade, als ich ankam, wurde eine Glocke geläutet. Ich wurde freundlich begrüßt und die Mönche fragten nach Anjel. Ich erzählte, dass er am Aufnehmen von einem neuen Song ist und berichtete von der Vertonung des Textes. Ich erntete ein freudiges Lachen, wie wir es von den Mönchen kannten. Venerable hatte die Idee, dass das Meditieren mit Gitarrenmusik eine neue Form sein könnte und lachte.

Schließlich ging es los. In eine Decke gehüllt, eine Stunde ruhig sitzen und nichts denken. Nur auf den Atem achten.

Zu Beginn der Meditation wurde dreimal eine Klangschale geschlagen. Anschließend begannen die Mönche mit einem monotonen Gesang, der zehn Minuten andauerte. Dann war Schweigen. Ich atmete ein, ich atmete aus, ich war äußerlich in Ruhe. Die Gedanken kamen. Ich ließ sie ziehen und wurde mit neuen Gedanken konfrontiert. Irgendwann tat der Rücken weh, ich korrigierte meine Haltung. Es dauerte lange. Einschlafen ging nicht, da fällt man um. Also weiter. Atmen und nichts denken. Denken Sie jetzt nicht an einen rosa Elefanten! Gar nicht so einfach. Irgendwann, es kam mir ewig vor, ertönte die Klangschale. Nach einem kurzen Gesang war Schluss. Die Mönche verbeugten sich vor dem

großen Buddha. Der saß da, mit geschlossenen Augen, und lächelte. Wir verließen den wunderschönen Meditationsraum, und ich verabschiedete mich mit einer Geste des Dankes. Eine Frau aus Katoomba fragte mich, ob ich in Deutschland auch meditiere. Ich verneinte, darauf sie: "Manche Menschen reisen um die halbe Welt um zu meditieren." Ich musste in mich hineinlachen. Denn sie sprach die Wahrheit. Selbst noch kurz vor meiner Abreise wollte ich diese Technik der Entspannung und Konfrontation mit mir selbst unbedingt erlernen. Jetzt, tausende Kilometer weg von zuhause, als sollte es so sein, entdeckten wir diesen Ort der Ruhe.
Was für ein Geschenk.

26. Jan. - Vielleicht sind wir auch deswegen hier? - von Anjel

Auf dem Weg zum Tempel erfreut uns die Natur mit ihrer üppigen Vegetation - Tujabäume, die 20 Meter hoch und vier Meter breit sind, mit einem dicken Stamm, wie bei einem Urbaum.
Hier wächst alles, was man in die Erde steckt.
Lebensfreundliche Bedingungen in einem lebensfreundlichen Klima, in einem lebensfreundlichen Land.
Wenn man hier einen Weihnachtsbaum in die Erde stecken würde, dann würde er bestimmt ein Jahr später samt Christbaumkugeln, brennenden Kerzen, Glöckchen, Lametta und Englein in allen Varianten und zwar in doppelter Größe aus dem Boden schießen, inklusiv Geschenken darunter.

Die Papageien wirken heute irgendwie crazy und anarchistisch.
Es ist 7.30 Uhr morgens. Für uns Musiker mitten in der Nacht, aber es war uns wichtig aufzustehen, um bei der Morgenmeditation dabei zu sein und in uns hineinzuhören.
Jürgen und ich haben ganz am Anfang unserer Freundschaft gemeinsam einen Yogakurs gemacht. Jetzt meditieren wir zusammen, haben die Liebe zu Mangos, Sushi, Thaiküche, Beatles, Pink Floyd und Coldplay entdeckt.

Jetzt komponieren wir gemeinsam unsere eigenen Stücke, schreiben gemeinsam ein Buch und entdecken immer noch mehr und mehr Gemeinsames.

Ob das daran liegt, dass wir beide Fische sind?

Der Tempel besteht hauptsächlich aus Holz, was ihm (oder besser gesagt uns) viel Wärme und Geborgenheit beschert.
Die Lotosblume erscheint sehr oft als Dekoration.
Ja, diese wunderbare Lotosblume ist eines der größten Wunder der Existenz. Sie ist deshalb im Osten zum Symbol der spirituellen Transformation geworden. Der Lotos hat eine sehr symbolische Bedeutung: Er wächst aus dem Schlamm heraus. Der Schlamm ist schmutzig und stinkt. Die Lotosblume hat einen feinen Duft, und sie ist aus dem stinkenden, dreckigen Schlamm gewachsen.
Genauso kann auch das Leben manchmal wie ein zum Himmel stinkender Schlamm erscheinen, und genau an dieser Stelle ist auch die Möglichkeit verborgen, zur Lotosblume zu werden.
Der Schlamm kann umgewandelt werden, und Du kannst zum Lotos werden.
Alles, was für Dich in diesem Moment negativ aussieht, was für Dich wie Schlamm oder Dreck ausschaut, kann umgewandelt werden.
Osho sagte einmal – Durch die Meditation kann der ewig lärmende Verstand leer werden und sich in himmlische Musik verwandeln…
Vielleicht sind wir auch deswegen hier…?

Die Meditation ist ein Geschenk der Stille an uns alle.
Du wirst bewegt, weil Du ganz ruhig bist und Du erkennst, was Dir bis jetzt verborgen blieb.

Nach der Meditation sind wir noch bei Kudagala Kovida zum Tee eingeladen. Wir diskutieren über Veränderungen im Leben und darüber, dass alles um uns herum ein Teil der Veränderung ist; Tag und Nacht, hell und dunkel, Ebbe und Flut, Einatmen - Ausatmen, wachsen - blühen - verblühen, Geräusche - Musik und die Stille.
…dürsten und trinken, festhalten und loslassen, umarmen und loslassen, Anspannung und Entspannung...
Er redet auch darüber, dass wir alle diese riesige Chance haben, all das zu beobachten…
Wie faszinierend es ist, der Beobachter zu sein, der es genießen kann zu sehen, wie sich alles verändert.
Ja, es gibt jede Menge zu entdecken - in der Natur, unter den Menschen und nicht zuletzt - in uns selbst.

Auf dem Weg ins Hotel klingen mir seine Worte nicht nur im Ohr, sondern im ganzen Kopf.
Es regnet wieder und es stört uns nicht im Geringsten.
Der Mann ist eine einzige Inspiration.
Die Regentropfen waschen unsere Seelen.
Vielleicht sind es wirklich unsere Tränen, die uns von dem Staub der alltäglichen Probleme säubern - um Freudeswillen.
... und es regnet so schön…
Blue Mountains, blue rain, blue hotel…
Endlich Zeit zum Schreiben, ohne abgelenkt zu werden von all dem, was so verführerisch von außen lockt.
Es ist ein Geschenk des Himmels, wenn wir den Moment, den wir gerade durchleben, intuitiv auf eine positive Art und Weise erfassen können.

28. Januar - Winzige Flugzeuge - von Anjel

Der Wecker klingelt eine lustige Melodie. Kein Wunder, ich habe ihn selbst gestellt, und ich stelle immer eine lustige Melodie ein.
Die Zeit - weniger lustig: 7.00 Uhr ... wir stehen auf, duschen uns wach und pilgern zum Tempel, um zu meditieren.
Der zwanzigminütige Weg dorthin ist schon eine Art "Walking Meditation" geworden und gehört inzwischen für uns zum Ritual.
Meditation hat nichts mit Religion zu tun.
Sie hat mit dem Aufräumen im Kopf und damit auch mit dem Aufräumen in der Seele zu tun. Sie kann als Beschleuniger wirken. Durch sie kann ein völlig stiller Geist entstehen und ein gelöster Körper ohne Verklemmungen und Verspannungen.
Die Meditation hat die Fähigkeit, unsere Gedankengänge in neue, positive Bahnen zu lenken, sie zu optimieren…
Wir sind, was wir denken!
Mit wirren Gedanken ver(w)irren wir uns selbst und alle um uns herum...

Ich denke, es gab noch niemanden, der auf Anhieb die richtige Technik und den erwünschten Zustand der Meditation erlangte. Es gibt viele Formen der Meditation.
Ich versuche meine Gedanken und ihre Accessoires zu beschreiben.

Wir meditieren hier in Katoomba jeden Tag.
Anfänglich geht es den meisten beim Meditieren sehr ähnlich.
Man sitzt da, versucht an nichts, aber auch an gar nichts zu denken, nur auf den eigenen Atem zu achten…
Aber die Gedanken scheinen sich selbst zu überholen.
Wie auf einer fünfspurigen Autobahn ohne Geschwindigkeitsbegrenzung, mitten in der *Rushhour*.
Je ruhiger und gelassener man die Gedanken kommen und gehen lässt, desto koordinierter scheint der Reißverschlussverkehr der Gedanken zu funktionieren.

Irgendwann stelle ich mir vor: Gedanken sind wie winzige Flugzeuge, die in der Warteschleife über dem Kopf kreisen und auf die Landeerlaubnis und den dafür richtigen Zeitpunkt warten. Du kannst die Erlaubnis verweigern, aber Du denkst ständig daran, dass da über deinem Kopf irgendwas schwebt.
Vielleicht sogar - wie ein Damoklesschwert hängt…
Oder, Du erlaubst die Landung. Du lädst das Gut, das Du in irgendwelcher Form selbst bestellt hast aus und lässt das Flugzeug wieder weiterfliegen.
Vielleicht ist das Gut ganz gut und durchaus brauchbar.
Warum hättest Du es sonst bestellt?
Vielleicht ist das Ladegut eine Botschaft, oder ein Kapitel, eine Lektion, die Du unbedingt lernen musst, weil Du sie bis jetzt nicht richtig gelernt hast. Vielleicht hast Du die Lektion schon mal durchgemacht, aber doch nichts daraus gelernt.
Winzige Flugzeuge voll gestopft mit verschlüsselten Botschaften, ohne einen Entschlüsselungscode.
Man kann seine Aufgaben gut, schlampig, befriedigend oder ausgezeichnet machen.
Wenn Du feststellst, dass Dir irgendetwas immer wieder passiert, das Dich zum Glühen bringt, - dann hast Du es das letzte Mal nicht hundertprozentig korrekt abgewickelt.
Ich denke, wir sind alle auf dieser Welt um zu lernen.
…und wir dürfen lebenslang lernen. Je mehr wir lernen, desto mehr Verständnis füreinander empfinden wir. Je mehr Verständnis wir füreinander empfinden, desto weniger Konflikte gibt es.
…wärmende Gedanken an diesem kühlen, verregneten Tag.

Ich empfinde große Ehre dem Lehrer gegenüber, der nicht aufhört zu lernen.
Ein guter, aufmerksamer Lehrer lernt auch von seinen Schülern.
Viele ähnliche Gedanken lasse ich bei der Meditation landen und wieder wegfliegen, während ich versuche, an nichts zu denken. Ganz schön viel los in der Warteschleife über meinem Kopf.
Ich stelle aber fest, es sind Gedanken, die mir wichtig sind.
Und zum ersten Mal betrachte ich sie nicht als ablenkend oder belastend, sondern als "endlich zu verarbeiten".
Ich unterscheide auf einmal viel schneller, welche Gedanken Papierkorbreif sind und mit welchen ich mich ernsthaft auseinander setzen will. Ich sage bewusst - will und nicht muss, weil müssen - muss ich nichts.
Bis jetzt habe ich weder gemusst noch gewollt.
Jetzt will ich.
Das ist ein riesiger Unterschied.
…schwerelos machende Gedanken an diesem wunderbar verregneten Tag.

Ich fragte heute Kudagala, ob es ihm bei jeder Meditation gelingt, alle seine Gedanken loszulassen und an nichts zu denken.
Er lächelte mich an und sagte: "Nein, es gelingt mir nicht jedes Mal, aber wichtig ist, dass es mir manchmal gelingt und die Meditation tut mir jedes Mal gut - ob sie mir nun gelingt, oder nicht."
Man kann diesen ehrlichen, direkten Mann nicht nicht mögen.

Wir haben ihm unser gemeinsames Lied vorgespielt.
Seine Augen wurden größer, er atmete tief ein.
Er lächelte nicht. Er lachte vor Freude…
Und wir lachten mit.
Kudagala entdeckte die Schönheit der Verbindung zwischen Musik und Text, und wir wissen, dass die Schönheit der Dinge in der Seele des Betrachters lebt.
Er hatte uns schon wieder mit seinem Lachen angesteckt.
Oh - wie gut es tut, mit dieser Art von Glück angesteckt zu werden.
… wen würden diese Worte, eingebettet in sanfter Musik, nicht glücklich machen?

May all beings be happy

May my teachers and neighbours be happy
May my teachers and neighbours be well

May my sisters and brothers be happy
May my sisters and brothers be well

May my friends and foes be always happy
May my friends and foes be well

May parents be always happy
May my parents be well till they die

May all beings be happy
May all beings be well
May we always be happy
Till we die...
and over and over again

May my teachers and neighbours be happy
May my sisters and brothers be well

May parents be always happy
May our kids and their children be well

May all beings be happy
May all beings be well
May we always be happy
Till we die...
and over and over again

Das Lied klingt aus, seine freudigen Augen glänzen.
Unsere auch.
Kurze Stille, dann diskutieren wir über die kleinen Änderungen und Ergänzungen, die wir im Text gemacht haben.
Kudagala Kovida ist einverstanden.
Er gewinnt immer mehr Platz in unseren Herzen.

Wir frühstücken zusammen, diskutieren über Gott und die Welt, wir lachen und freuen uns über schöne Gedanken…

Freunde sind Menschen vor denen man laut denken kann. Wir fühlen uns wohl, wir fühlen uns befreundet.

Jürgen denkt laut nach: "Vor gar nicht so langer Zeit hat man sehr viel Zeit für die elementarsten Dinge benötigt.

Zum Beispiel das Kochen.

Damals:

Holz besorgen, Holz sägen, Holz hacken, Feuer machen, Inhalt für den Topf besorgen (durch sammeln oder jagen), dann aufschlitzen, abziehen, ausnehmen, portionieren. Den nicht verwerteten Rest kühl einlagern, damit er nicht verdirbt, anschließend kochen. Ständig aufs Feuer achten, damit es nicht ausgeht oder die Hütte in Brand setzt.

Heute:

Tüte auf - Mikrowelle - zack - fertig".

Er denkt laut weiter: "Die gleiche Geschichte mit dem Waschen - damals und heute...

Wir haben für alles Maschinen", fuhr er fort.

"Maschinen zum Backen, Maschinen zum Fahren, zum Trocknen, zum Einfrieren, zum Geschirrspülen, zum Teppich reinigen, Maschinen zum Wäsche waschen, Auto waschen ... Aber wir Menschen haben stets keine Zeit, trotz der ganzen Zeitersparnis."

Venerable steigt in die Gedanken ein und sagt: "Aber wir haben immer noch keine Maschinen, um unsere Gedanken zu waschen."

Ich denke nach und sage: "Doch, genau dafür haben wir doch eine Maschine. Kennt ihr sie nicht?"

Ich sehe vier fragende Augen, die zuerst mich und dann sich gegenseitig anschauen.

"Die Maschine heißt - Meditation!", antworte ich den vier fragenden Lichtern.

Winzige Pause.

Sechs Augen lachen wieder freudig und merken - alles, was wir brauchen, haben wir bereits in uns, denn innerhalb von uns selbst befindet sich das ganze Universum inklusive Liebe, Freundschaft und Freude…

Noch einmal gehen mir Kudagalas Worte durch den Kopf, diesmal aus einer anderen Perspektive: "Ich bin nicht allein. Ich bin hier zusammen mit dem ganzen Universum."

Und ich stelle fest: das ganze Universum ist längst in uns.

29. Januar - Vom Elefanten zur Mücke - von Jürgen

Es freut uns sehr, dass sich zwischen den Mönchen und uns eine Freundschaft entwickelt hat. Die gemeinsamen Tassen Tee, die von Venerable ausgesprochenen Einladungen zum Essen, die von ihm persönlich durchgeführte Einführung in die Meditation, das gemeinsame Lied und das häufige Beantworten unserer Fragen hinterlässt seine Spuren.

Anjel und ich tragen beide ein goldgelbes Bändchen am rechten Arm. Dies wurde uns nach der Teilnahme an einer von den Mönchen durchgeführten Prozedur umgebunden.
Eine Familie mit zwei Kindern war ebenfalls anwesend gewesen. Das von ihnen mitgebrachte Essen wurde den Mönchen als Geschenk aufgetischt. Als wir kamen, waren sie gerade dabei, Früchte zu essen. Wir beobachteten das Geschehen. Als deren Essen beendet war, nahmen wir alle auf dem Boden Platz. Eine Spule mit goldgelbem Garn wurde vom Einen zum Anderen weitergereicht, wobei der Faden dabei abgewickelt wurde und wir somit alle "verbunden" waren.
Der jüngere Mönch, er ist 25 Jahre alt, sang eine sehr lange Folge von Versen. Am Ende, nachdem die Spule wieder aufgewickelt war, bekam jeder der Teilnehmenden ein Stück dieses Garns um das Handgelenk gebunden und einen kleinen Schluck "heilendes" Wasser.
Das Wasser stammt aus Gefäßen, die im Meditationsraum stehen. Die wohltuende Energie dieses Raumes, die wirklich spürbar ist, wird durch das Trinken verinnerlicht. Viele Leute kommen zum Tempel, um sich dieses Wasser zu holen. Sie versorgen die Mönche mit Essen, Trinken und Gebrauchsgegenständen und bekommen Balsam für die Seele.
Ich erinnere mich an die unbändige Freude des kleinen Mädchens der Familie, nachdem sie dieses Geschenk am Arm hatte. Sie sprang geradezu quietschvergnügt durchs Zimmer.
Die Mönche verließen den Raum und das restliche Essen wurde für uns alle aufgetischt. Wir bedienten uns gerne und kamen so zu dem Vergnügen zum ersten Mal "Jackfruit" und "Drumsticks" zu essen. Es schmeckte köstlich. Jackfruit hat etwas Artischocken ähnliches und Drumsticks, die vor dem Kochen tatsächlich so lang wie Trommelstöcke sind, erinnerten an eine Mischung aus Spargel und Bohnen. Dazu gab es Reis und allerlei anderes Gemüse. Wir waren fasziniert von den neuen Aromen und Gerüchen.

Bei einer weiteren Einladung zum Essen aßen wir nach heimatlichem Brauch der Mönche mit den Händen.
Beim Abschied magnetisierte uns ein Bild mit einer wunderbaren Botschaft - ein buddhistischer Schnellkurs:

A short course

The six most important words: "I admit I made a mistake"
The five most important words: "You did a good job"
The four most important words: "What's your opinion"
The three most important words: "If you please"
The two most important words: "Thank you"
The one most important word: "We"
The least important word: "I"

Die sechs wichtigsten Worte: „Ich bedaure ich beging einen Fehler"
Die fünf wichtigsten Worte: „Das hast Du gut gemacht"
Die vier wichtigsten Worte: „Was ist Deine Meinung"
Die drei wichtigsten Worte: „Wenn Du bitte..."
Die zwei wichtigsten Worte: „Danke Dir"
Das wichtigste Wort: „Wir"
Das unwichtigste Wort: „Ich"

Nach der gestrigen Abendmeditation bot uns Venerable an, uns noch mehr über die Meditation zu erzählen. Wir nahmen das Angebot dankend an und gingen mit ihm zurück in den Raum. Der einem Altar ähnliche Platz, der an diesem Tag von frischen Blumen nur so strotzte, war wunderschön anzuschauen. Der lieblich süße, frische Duft, der schon während der ganzen vorangegangenen Meditation in unsere Nasen strömte, lag in der Luft. Vor unserem Eintreffen wurden die rechten Seitenwände des Raumes hochgeklappt, und der Urwald in seiner ganzen Pracht und samt seinen ungewohnten Geräuschen war wie mitten im Raum.
Nun saßen wir im Schneidersitz auf dem Boden. Vor uns der Mönch. Er wirkte so zierlich in seiner Gestalt und strahlte dabei eine wunderbare Ruhe und Freude aus. Er erzählte uns die Geschichte eines Sitarspielers, der so verbissen meditieren wollte, dass nach Tagen einer "Laufmeditation" seine Füße bluteten. Buddha, der dies bemerkt hatte, rief ihn zu sich,

und fragte ihn: "Kannst Du aus einer Saite einen schönen Ton entstehen lassen, wenn die Saite viel zu hart angespannt ist?" Der Musiker antwortete mit “Nein“. Darauf der Buddha: "Kannst Du einen schönen Ton entstehen lassen, wenn die Saite zu schlaff ist?" Der Musiker verneinte abermals. "So ist es mit der Meditation", schloss Buddha seinen Vergleich ab, "du darfst nicht zu hart mit dir sein, aber auch nicht zu nachlässig. Suche die richtige Stimmung und übe stetig.“
Venerable verglich das Meditieren weiterhin mit dem Musizieren und unseren Erfahrungen auf der Gitarre. "Erwartet nicht, dass ihr es nach 24 Stunden beherrscht. Betrachtet die Fähigkeiten auf eurem Instrument und wie viele Jahre des Übens und der Praxis nötig waren, um an den Punkt zu gelangen, an dem ihr jetzt seid."

Er machte uns auf den ständigen Wandel der inneren und äußeren Welt aufmerksam.
Das Wetter, das sich verändert, der Mond, der zu- und abnimmt, die Sonne, die auf- und untergeht. Die Jahreszeiten, die sich uns zeigen, das Geboren werden und das Sterben. Alles verändert sich ständig.
Die Gedanken und unsere Stimmungen, unser Körper, alles verändert sich ständig. Beobachtet den Wandel in der Natur, beobachtet den Wandel in euch selbst.
An diesem Punkt fiel mir auf, was passiert, wenn man diesen Wandel nicht akzeptiert. Wenn man krampfhaft festhält an dem, was sich unabdingbar verändert. Wenn man die Wahrheit nicht wahr haben möchte, wenn man mit der Wirklichkeit kämpft: Es entsteht Leiden.
Den Wandel und die Wirklichkeit zu akzeptieren, ja sogar dankbar anzunehmen, die Veränderung als Chance zu begreifen, dass ist einer der Schlüssel zu einem glücklichen und erfüllten Leben.

Er sprach über unseren Geist, über unseren Verstand. Er benutzte das Wort "mind", was ich als sehr treffend empfand.
"Unser Geist ist stärker als wir denken und schwer im Zaum zu halten. Vergleicht euren Geist mit einem wilden, kräftigen Elefanten. Wenn ihr ihn unter Kontrolle bringen wollt, wird er immer wieder versuchen auszubrechen. Zurück in den Wald. Zurück zur Herde. Zurück zu dem ihm Vertrauten. Ihr könnt den Elefanten zurückhalten. Er wird wieder ausbrechen wollen und abermals scheitern, wenn eure Fessel stark genug ist. Ihr habt die Möglichkeit, diesen Elefanten auf Dauer zu bändigen.

Irgendwann, ist der Elefant an die neue Lebenssituation gewöhnt. Dann leistet er euch wunderbare Dienste. Er arbeitet für euch."
Mir fiel ein, wie wild der Elefant manchmal in mir war.
Ein einziges Hin und Her. Zurück in den Wald. Zurück zum Gewohnten.
Ich begann zu ahnen, welche Kraft ich entwickeln könnte, wenn sich meine Gedanken nicht im Zickzack Kurs, sondern mit gebündelter Kraft und klaren Vorstellungen auf mein Ziel zusteuern ließen.
Eine der größten Herausforderungen des Lebens besteht darin, dass wir das, was wir wissen, in die Tat umsetzen.

Als ich ihn heute besuchte, erwachte Venerable gerade von einem kleinen Mittagsschlaf auf der Veranda. Er saß noch auf der dünnen Matte, die auf dem Boden lag und rieb sich die Augen. Wir nahmen beide auf Stühlen Platz und begannen zu reden. Ich registrierte eine Stechmücke, die genau auf seiner Nasenspitze saß. Venerable erzählte munter weiter und ich machte ihn auf das Tier aufmerksam. "Ich habe die Mücke bemerkt", sagte er, "ich habe festgestellt, dass sich die Mücken meistens auf meine Nasenspitze setzen." Sie umkreiste seine Nase. Dann nahm sie wieder Platz, als sei sie zum Essen eingeladen. "Ich gebe der Mücke gerne eine bisschen Blut", fuhr er fort, "sie braucht nur einen kleinen Tropfen."
"Aber juckt es denn nicht, nachdem sie gestochen hat?", wollte ich wissen. "Doch, manchmal fühle ich sogar einen Schmerz während des Einstichs. Aber ich beobachte diesen Schmerz, ich beobachte mich, ich meditiere und nutze die Gelegenheit mich genau auf diesen Punkt zu konzentrieren".
Vom Elefanten zur Mücke. Er hatte sich ganz schön unter Kontrolle, dieser Mann. Während unsereins meist effektiv draufhaut, nur um festzustellen, dass "das Biest" immer noch durchs Zimmer surrt, hatte er die Ruhe weg.
Er wünschte nicht nur guten Appetit, sondern nutzte die Gunst der Stunde, um zu üben.
Bewundernswert.
Nachdem die Stechmücke zu Ende getrunken hatte, flog sie davon. Ab in den Busch. Mit vollem Bauch und happy.
Hoffentlich erzählt sie das nicht ihren ganzen Kumpels...

Kapitel 5

Globale Freundschaften

30. Januar - Ben & Corn - von Jürgen

Wir saßen im Hotel und tranken eine Tasse grünen Tee, als wir den ersten Blickkontakt mit Ben & Corn hatten.
Die beiden Jungs saßen am Tisch schräg gegenüber, vor ihren mit Spaghetti und Hackfleischsoße beladenen Tellern. Ein Fläschchen Bier durfte nicht fehlen und daneben fein säuberlich platziert ein Gläschen für den Gerstensaft. Vom geriebenen Käse bis zum Besteck, alles ordentlich vorbereitet und startklar zum Losspachteln.
Anjel und ich mussten beide lächeln: Wir mit unserer Tasse Tee und die Jungs mit ihrem fünf Gänge Menü. Man nickte sich gegenseitig zu und kommunizierte auf eine nonverbale Art und Weise.
Ich glaube wir hatten Hunger, aber das nur nebenbei. Inspiriert von diesem Anblick saßen wir nämlich einen Tag später vor einem ähnlichen Haufen Nudeln, der wahrscheinlich einen Dinosaurier gesättigt hätte.
Am Abend desselben Tages platzierten wir uns auf der Bühne. Eingekuschelt in zwei Sitzkissen, ausgerüstet mit einer Flasche Rotwein und zwei Gläsern. Wir wollten den Aufenthaltsraum des Hotels aus dieser Perspektive gerne ein bisschen auf uns wirken lassen. Schließlich stand auf dieser Bühne am übernächsten Tag unser zweiter Auftritt in Australien an.

Ich entdeckte Ben und Corn in einem Sofa lümmeln. Auf die gemütlichste Art und Weise. Unsere beiden Cateringprofis, die ihre Bierchen, wie wir gleich erfahren sollten, in großhandelsüblichen Mengen orderten.
Ich traute im ersten Moment meinen Ohren nicht richtig. Hörte ich da tatsächlich einen mir sehr bekannten schwäbischen Akzent? Wie von selbst sprang ich auf, um der Sache auf den Grund zu gehen. Wir waren schließlich am anderen Ende der Welt. Dort, wo der Mond und die Sternenbilder auf dem Kopf stehen und das Wasser andersrum abfließt.
"Hi Jungs", fiel ich mit der Tür ins Haus, "wo kommt Ihr denn her?"

Corn setzte sich auf und antwortete: "Ich bin aus Sindelfingen, und mein Freund hier ist aus Renningen!" (Hier sei angemerkt, dass, wenn man die Distanz Deutschland Australien als Maßstab nimmt, unsere Heimatorte von deren nicht weiter entfernt sind als das rechte Nasenloch vom Linken.)
Ich musste mich setzen, wobei der Hammer direkt folgen sollte. Ben, der mir gegenüber saß, bemerkte, dass er uns gestern schon ansprechen wollte, als er auf meinem T-Shirt "Dicke Fische" gelesen hatte. Die Band sei ihm von einem Plakat bekannt, das er im Irish Pub in Sindelfingen gesehen hätte.
Ich glaube meine Backen glühten in diesem Moment vor Begeisterung. Außerdem, fuhr er fort, hätte die Band auf einem Steinbruchfestival in Grafenau gespielt. Mir war klar eine Verwechslung war ausgeschlossen. Er meinte uns. Dass wir Fische Shirts trugen war für ihn allerdings nicht gleichbedeutend damit, dass wir "Dicke Fische" sind. Er dachte, wir seien Fans. Wir lachten, outeten uns, schüttelten die Köpfe und staunten über diesen Zufall. Aber es ist eine Tatsache: Wir haben in Down Under jemanden getroffen, der "Dicke Fische" kennt!

Klar, dass wir uns weiter austauschten, ein Fläschchen Wein miteinander genossen und dafür sorgten, dass der Biervorrat der Beiden nicht verdarb. Ein weiteres Treffen für den nächsten Abend wurde verabredet. Wir bekamen tolle Fotos zu sehen, und beide erzählten uns von ihrem fünf monatigen Trip durch Australien. Abi in der Tasche und los ging's. Vom Segeltörn und feuerroten Abendhimmel bis zur Konfrontation mit Todesängsten war alles dabei gewesen.
Das Letztere war unter anderem auch der Grund für eine ziemlich auffällig watschelnde Gangart der beiden Kollegen. Es war so eine Kombination aus: John Wayne und eine Unmenge von Blasen an den Fußsohlen. Wir sollten Näheres erfahren:
Während einer neun stündigen Wanderung durch den Busch der Blue Mountains, waren unsere beiden Helden mit einigen Schlangen konfrontiert worden. Corn, der sowieso seit seiner Kindheit eine ziemliche Abneigung gegen diese Kreaturen pflegt, war bis dato mit solchen Erfahrungen verschont worden. Ausgerechnet bei dieser Tour, die Kräfte sowieso schon bis ans Äußerste strapaziert, schienen sie geradezu in ein Nest geraten zu sein. Innerhalb weniger Minuten waren es drei ausgewachsene Schlangen, von denen Ben wusste, dass es sich zwar nicht um

tödlich giftige Tiere handelte, ein Biss aber durchaus üble, bösartige Schmerzen verursachen konnte. Ein Weitergehen wäre somit auf jeden Fall ausgeschlossen gewesen. Aber man ist ja nicht dumm und so beschlossen unsere schwäbischen “Indiana Jones” das Gewicht von zwei dicken Elefanten zu simulieren und stampften was das Zeug hielt, durch den Busch. Frei nach dem Motto: "Die Viecher werden schon das Weite suchen, wenn wir uns nur gut verkaufen!" Das ging in die Knochen. So eierten sie fortan durchs Hotel, überbrückten die Genesungszeit mit Bierdosen leeren und fünf Gänge Menüs zubereiten. Zwei liebenswürdige Zeitgenossen, die wir schnell ins Herz schlossen.
Ganz nebenbei bemerkt: Passend zu den „Dicken Fischen“ - Ben heißt mit Nachnamen "Fischer"!

01. Februar - Die Stimme des Herzens - von Jürgen

Das Angebot von Venerable Kovida, mit uns eine "Wanderung durch den Busch" zu machen, freute uns sehr. Er hatte von Wasserfällen erzählt und so waren wir sehr gespannt, in welche entlegenen Gebiete wir mit Hilfe eines Einheimischen vorstoßen könnten.
Im Gegensatz zu sonst war es ausnahmsweise schwül und heiß an diesem Tag, und wir freuten uns auf die kühlere Luft des Waldes und die gemeinsame Zeit mit den Mönchen.
Schnell stellten wir fest, dass die Mönche auf die Menschen außerhalb des Klosters eine immense Ausstrahlung und Anziehungskraft besitzen.
Den Insassen eines vorbeifahrenden Busses war anzusehen, dass sie sich an deren Anblick erfreuten. Kudagala war das gewohnt. „They are talking about the Monks!“ - „Sie sprechen über die Mönche!“ ließ er mich wissen, da kam das Fahrzeug gerade angefahren. Tatsächlich, alle hingen an den Fenstern und genossen den exotischen Anblick. Die dunkelroten Roben der Mönche, zusätzlich noch die geschorenen Köpfe und schließlich Venerabels Sonnenschirm, das war schon ein Hingucker.
In einem angenehmen Tempo spazierten wir auf der Straße Richtung Busch und rochen an allen möglichen Blüten und Blättern, blieben hin und wieder stehen, um einen schönen Ausblick zu genießen oder um uns im Bach zu erfrischen.
Die Pfade wurden schmaler, die Luft etwas kühler und der Bewuchs

immer dichter. Schließlich hörten wir das leise Rauschen eines Wasserfalls, das mit abnehmender Distanz immer lauter und mächtiger wurde.
Es war ein berauschender Anblick.
Stürzten sich doch tausende von Litern Wasser pro Sekunde in die Tiefe. Wir standen nur wenige Meter von der Kuppe entfernt, an der der freie Fall seinen Lauf nahm. Floss das Wasser gerade noch ruhig vor sich hin, wurde es schon einen Augenblick später von der Schwerkraft ins Tal gerissen. Keine Chance, sich zu wehren. Keine Gelegenheit sich noch mal kurz zu konzentrieren um Mut zu sammeln.
Ich stellte mir vor, wie es für mich wäre, den großen Absprung zu wagen. Aus dem Flieger mit einem Fallschirm oder von einem Felsen ins Meer. Höhenangst habe ich keine aber das Gefühl beim freien Fall und die Ungewissheit über die Umstände der Landung bringen mich aus der Fassung. Das hat mit der Überwindung von Ängsten und dem Loslassen zu tun.

Später konnten wir beobachten, wie sich das Wasser beim Fallen teilweise in Tropfen auflöste. Man konnte die einzelnen Tropfen mit den Augen verfolgen und war dadurch in einem meditationsähnlichen Zustand. Letztendlich prallte es im Tal auf die Felsen und zerbarst in abertausende von Tröpfchen. „Like Waterfalls" - ein Titel auf unserer ersten CD „Aufgetaucht" - benutzt dieses Bild. Ein Auszug lautet frei übersetzt so: „Höre genau auf das, was dir dein Herz sagt, und du wirst erkennen, wer du bist.
Wie aus einer Quelle werden Deine Wünsche und Träume entspringen … wie ein Wasserfall." Diese Worte waren mir eingefallen, als ich nach der Antwort auf die Frage suchte, ob ich meinen Lebensunterhalt mit Musik verdienen will?
Ob ich aus meinem Hobby einen Beruf machen soll?
Ob mein Beruf meine Berufung sein wird?
Ob ich entgegen den mir vermittelten und von mir adaptierten Ängsten einen ungewöhnlichen Weg einschlagen soll?
Heute liegt die Antwort auf der Hand: Es war eine der besten Entscheidungen in meinem Leben. Es hat sich gelohnt auf die Stimme meines Herzens zu hören. Sie war leise, viel leiser als das Brüllen in meinem Kopf.
Viele Jahre später stehe ich hier vor einem Wasserfall in den Bergen

Australiens und fühle mich so nah am Puls des Lebens wie selten zuvor. Die Stimme aus meinem Inneren, die mir damals Mut zusprach, war leise genug, um sie zu überhören oder verdrängen zu können. Glücklicherweise war ich damals in der Situation gewesen, mich dem Zuhören dieses Rufens hinzugeben. Eine Frage der Aufmerksamkeit. Eine weitere Stelle im Text heißt: „Sie werden deine Lieder mögen …“
Jetzt stehen wir an der Stelle, wo sich die Erfahrungen der letzten Jahre und die Inspiration von Menschen und Natur in eigene Songs umwandeln. Wie hätte ich damals ahnen können auf Anjel zu treffen? Wie hätte ich wissen sollen, welche Türen sich auftun? Das Leben muss vorwärts gelebt werden und kann nur rückwärts verstanden werden.

Waterfalls

This is for them who are afraid to dance on lifes road
this is for them who deny what the heart has been told
so listen to the voice
they'll respect your choice
they all dig your songs you will see
you'll find your peace and you'll know just what to be

Listen close to your heart
and you'll notice who you are
goals and dreams will spring
and burst over rocks, like waterfalls

Remember the nights still awake cause you did not know
is this the right way to go cause hard winds will blow
so listen to the voice
they'll respect your choice
they all dig your songs you will see
you'll find your peace and you'll know just what to be

Listen close to your heart
and you'll notice who you are
goals and dreams will spring
and burst over rocks, like waterfalls
like waterfalls, like waterfalls, like waterfalls

Wir spazierten weiter. Immer weiter in die satte Natur hinein, vorbei an zwei badenden jungen Frauen, die sich eine breite, tiefe Stelle im Bach zu eigen machten und sich erfrischten. Auch den Mönchen war dies nicht entgangen. Aus Gesprächen mit Venerable Kovida wussten wir von dem Verlangen der Mönche nach körperlicher Hingabe. Manche verlassen den Orden und gründen eine Familie. Ein Leben als Mönch schließt diese Erfahrung allerdings aus. Entweder - oder.
Venerable fühlt sich glücklich und privilegiert in seiner Rolle. Er wurde bereits mit 14 Jahren von seinem heute 92 jährigen Lehrer aus vielen Jungs ausgewählt. Eine Ehre für die ganze Familie. „Gestern musste ich weinen", erzählte er uns, „als ich begriff, wie viel Gutes ich den Menschen geben kann."

Als die ersten Tropfen fielen, dachte ich noch nicht an das mögliche Ausmaß, das ein Gewitter in den Bergen haben kann.
Der Regen setzte ein, wurde stärker, wieder schwächer und nach einer gewissen Zeit konnte man einen tiefen, grollenden Donner hören, der durch die Täler zog wie ein schwer beladener Zug.
Wir stellten uns unter einen Felsvorsprung und lauschten der Geschichte eines Mannes, der auch unter dem Felsen Zuflucht gesucht hatte und erzählte, dass hier vor kurzem zwei Menschen vom Blitz erschlagen wurden. Gute Idee von ihm, das jetzt zu erwähnen. Das beruhigte ungemein.
Das Unwetter wurde innerhalb weniger Minuten so stark, dass wir das Gefühl hatten, die Blitze würden die Luft um uns herum zum Kochen bringen. Es krachte und zischte. Der Donner schien gar nicht enden zu wollen. Er überholte sich ständig selbst auf dem Weg durch die tiefen Schluchten der Blue Mountains. Bis er sich schließlich in den Stämmen der zigtausend Eukalyptusbäume in Wohlgefallen auflöste.
Als der Niederschlag für einen Moment schwächer wurde, zogen wir schnell weiter. Kovida schaute mich an und sagte: "Wir können auch in diesem Moment über das Leben lernen: Alles verändert sich ständig."
Sonne - Hitze - Regen - Donner - Blitze - Kühle - Sonne ...
Wie recht er hatte. Nach Regen kommt Sonne.
Die Wetterlage hatte sich noch nicht komplett beruhigt, als wir an einem unglaublichen Aussichtspunkt in das mehrere hundert Meter tiefe Tal blicken konnten. Die Sonne hatte die schweren dunklen Wolken durchbrochen, als plötzlich der Regen wieder einsetzte. Die Tropfen waren dick

und funkelten im Licht. Sie fielen wie in Zeitlupe in die Tiefe. Unter uns das Grün der Baumkronen und die Schlucht durchflutet von Millionen Wasserperlen, die der Schwerkraft trotzend, langsam hinab schwebten. Ein unvergesslicher Augenblick.

Als wir am Ende der Wanderung auf den Straßen Richtung Tempel liefen, kam uns das Wasser in kleinen Bächen entgegen geflossen. "Viele Jahre ist es her", erzählte Kovida, "dass ich so durchnässt umhergelaufen bin. Seit meiner Kindheit bin ich nicht mehr mit bloßen Füßen im Rinnsal der Straßen spaziert." Wir lachten und freuten uns über den Moment. Die Sonne und der Regen hatten ein Rendezvous.
Ich suchte vergeblich nach einem Farbenspiel am Himmel. Ich hätte in mich hineinschauen sollen. Es funkelte in meinem Herzen.

02. Februar - Auf Wiedersehen - von Anjel

Als ich im Hotel ankam, schallte gerade aus allen Lautsprechern der Hotelmusikanlage einer unserer Songs.
Es lief "Aufgetaucht", unsere erste "Dicke Fische" CD, als Werbung und Vorgeschmack auf den heutigen Auftritt - "Dicke Fische" live, unplugged.
Ein seltsames Gefühl - am anderen Ende der Welt seine eigene Songs zu hören, die deutsch gesungen sind, wie gerade im Moment „Warum ich dich liebe“, und das in einem englisch sprechenden Land.

Warum ich Dich liebe

Warum ich Dich liebe
Würde ich gerne wissen
Ich weiß jetzt nur eins
Ich will dich nicht mehr missen
Deine Hand in meiner
So will ich einschlafen
Meine Haut fühlt Deine
Ich weiß Du bist mein Hafen

Warum bin ich hier
Wollt ich schon immer wissen
Um Liebe zu begreifen
Wollen und nicht müssen
Ganz in Deiner Nähe
Voll in Deinen Küssen
Tief in Deinen Augen
Die Liebe neu begrüßen

Eva
Eva-Maria
For „Eva“
Im Jetzt und Hier
Voll in meiner Lunge
Voll in meiner Seele
Voll in meinen Händen
Ich will mich nie mehr quälen

Wie hast Du mich gefunden
Die Engel werden‘s wissen
Du schenkst mir ein neues Leben
Und Glückstränen zum wegküssen
Dich tief einzuatmen
So will ich einschlafen
Meine Haut ist Deine
Ich bin in meinem Hafen

Eva
Eva-Maria
For „Eva“ im Jetzt und Hier
Voll in meiner Lunge
Voll in meiner Seele
Voll über mir am Himmel
Du musst Dich nicht mehr quälen
Eva
Eva-Maria
For „Eva“
Du bist hier in mir

Bin mit Dir verschmolzen
Zusammen eine Seele
Bin in Deinen Händen
Eva - ever - Eva - ever - Eva - ever

Ich schlaf so gerne mit Dir…
Ich schlaf so gerne mit Dir…
ICH SCHLAF SO GERNE MIT DIR EIN!

Aber fangen wir von vorne an: Heute war der vorletzte Tag hier an diesem wunderbaren Platz, mitten in den blauen Bergen. Früh am Morgen, auf dem Weg zum Tempel, wollte ich "Walking Meditation" praktizieren, aber es fiel mir besonders schwer, mich zu konzentrieren. Ich spürte, wie der Abschied von unserem Freund Kovida in der Luft schwebte.
Ich ging allein, Jürgen nahm im Hotel seinen Part unseres neuesten Liedes auf...
Gedanken in meinem Hirn scheinen sich schon wieder selbst zu überholen.
Wie Formel 1 Piloten kurz nach dem Start. Jeder will der Erste sein, und jeder der Piloten ist mein eigener Gedanke.
Meine Freundin Marleen hatte mir in solchen Situationen immer gesagt: "Die Gedanken sind wie Vögel. Wir können nicht verhindern, dass sie über unsere Köpfe fliegen, aber wir können verhindern, dass sie sich auf unserem Kopf ein Nest bauen."
Ich soll also versuchen, nichts festzuhalten, alles ziehen lassen, was wegziehen will, alles fließen lassen…
Unser ganzes Leben ist wie ein Fluss. Er fließt mal langsam und ruhig, mal schnell und wild, es gibt schräge Stellen und wilde Biegungen, es gibt Wasserfälle, Staudämme, und zwischendurch gerade Strecken mit breiten, flachen Becken aber auch tiefen, leisen, unvergesslichen Stellen...
Und eines Tages fließen wir alle in das Meer der Gelassenheit, in den Ozean der Unendlichkeit...
Wir verschmelzen mit der Ewigkeit... oder sind wir schon längst ein Teil der Ewigkeit, ohne es zu wissen?
Wir haben einen ganz besonderen Menschen kennen, schätzen und lieben gelernt und es fühlt sich gut an mit ihm zusammen zu sein.

Wir sind Reisende und ein Reisender muss weiter reisen, sonst ist er kein Reisender mehr.
Letztendlich sind wir alle Reisende und es ist gut, ein Reisender zu sein.
In Wirklichkeit suchen wir nicht nach etwas Materiellem.
Alles Materielle hat Gewicht und das Gewicht will geschleppt werden.

Wer von den bewusst Reisenden will sich schon selbst zum "Seinesachenschlepper" degradieren?
Wir sind die ganze Zeit auf der Suche nach den spirituellen Mitbringseln, Inspiration, Kreativität und anderen unmateriellen Dingen, die physisch nichts wiegen, aber ein ganz großes Gewicht in unseren Leben haben. Noch besser gesagt - das größte Gewicht überhaupt…

Der schnellste Weg zur Erkenntnis ist der Schmerz und der Abschiedsgedanke schmerzte sehr...
Wir alle sind Reisende, ohne es zu wissen.

Als ich im Tempel ankam, begrüßte mich ein weit geöffnetes Tor. Bis heute musste ich es jedes Mal selbst öffnen, aber diesmal stand alles offen, wie die offenen Arme eines liebenden Menschen.
Wie die weit geöffneten Arme, die Dich herbei wünschen, magnetisieren und dann herzlich willkommen heißen.
Die Vögel im Garten des Tempels zwitscherten heute so laut wie noch nie, als ob sie sich auch verabschieden wollten. Ja, vielleicht waren es genau die Vögel von Marleen, die mich an das Loslassen erinnern wollten…
... genau die, die über unseren Köpfen fliegen und manchmal versuchen, ein Nest darauf zu bauen. Wer weiss, was für Fähigkeiten die Vögel außer Singen noch haben?
Als ob die Vögel spürten, was in meinem Kopf vor sich ging, sangen sie intensiver als je zuvor.
Sie ließen mich ziehen, fließen, unsere Reise im Fluss halten...
…so wie ich sie ziehen ließ.
Sie sangen tierisch - nicht menschlich, und ich hatte trotzdem das Gefühl, dass ich sie verstand.
Das Leben ist voller Wunder.

Jede Veränderung ist ein Teil des Lebens, und jede Veränderung ein kleines Wunder.

Ein kleines, unabdingbares Teil eines Puzzles, das in komplettem Zustand als unser Leben zu erkennen ist.
Sogar der Schmerz ist unser Freund, denn er lehrt uns und hilft uns auf der Suche nach Erkenntnis.

Ich sagte nicht "Goodbye", ich verabschiedete mich bewusst mit "Auf Wiedersehen!"

Kudagala Kovida ist ein sehr aufmerksamer Gesprächspartner und er hat gerade in dem Wort "Wiedersehen" seinen Nachnamen entdeckt. (Ko)**vida.**
Phonetisch - identisch mit **wieder**(sehen).
Und wenn man "Ko" - als "Co" - erkennen würde, dann könnte man es als "Zusammen wieder" entziffern. Das klingt sehr nach "Wiedersehen" in diesem oder einem nächsten Urlaub auf diesem Planeten (oder dem nächsten Leben, wie manche sagen).
Der Kreis schließt sich...
Over and over again...
„**KOVIDA**" klang plötzlich in meinen Ohren wie: „**KO**mm**WIEDER**"
"Auf Wiedersehen", flüsterte ich noch mal leise.
- "auf Vida sehen…", flüsterte er zurück.

Ich ging noch einmal in den Meditationsraum und setzte mich dort auf den Boden. Ich saß ganz allein da...
Die Seitenwand war offen. Ich fotografierte mit meinen Augen noch mal alles um mich herum. Die vielen Blumen neben dem Buddha, die Schmetterlinge draußen - die mich belustigen wollten.
Ich nahm alles mit meinen Ohren auf - das Rauschen des Urwaldes, den Gesang der Vögel…
Ich nahm mit meiner Nase diesen feinen Duft des Meditationsraumes auf, wo sich der angenehme Holzgeruch des Tempels mit einer sanften Brise Räucherstäbchen und der frischen Urwaldluft vermischte und sich selbst an mich verschenkte.
Mein ganzes Wesen war ein Aufnahmegerät, das so viel wie möglich speichern wollte, von dieser Atmosphäre, dieser Stimmung, von diesem Wunder, in dessen Mitte ich saß.
Ich fühlte mich wie zum ersten Mal verliebt. Als ob ich meiner ersten Liebe begegnen würde und ich mir dessen auch noch bewusst wäre.
Es war, wie die erste Berührung der ersten Liebe, die man nie vergisst...

Ich bin mir sicher, ich vergesse das alles nicht - so lange ich lebe.
...auch nicht diesen wundervollen Mann, der sich ebenfalls als Reisender versteht.
Wir sind alle Reisende, das Leben ist Veränderung, Schmerz ein Helfer, der uns Grenzen und den Weg zeigt, damit wir schneller lernen.

Ich saß alleine im Meditationsraum und stellte fest, dass ich nicht alleine war.
Ich war zusammen mit all den Blumen, den Düften, den Geräuschen des Waldes, dem Gesang der Vögel, den Schmetterlingen, mit anderen Worten - mit dem ganzen Universum. Und diesmal habe ich erkannt, dass sich das ganze Universum in mir befand.
Alle Buddha Statuen lächelten.
Alle Blumen, Bäume, Düfte und Vögel lächelten. Alles um mich lächelte und ich lächelte mit glänzenden Augen mit.
Der Glanz in meinen Augen war die Gerührtheit, die Dankbarkeit und die stille Freude, die gegen den Hauch der Traurigkeit über den Abschied ankämpfte...
In dieser speziellen Kombination von jenen Gefühlen dominierte eine Art Wärme in mir...
Und die tiefe Dankbarkeit in meiner Mitte fühlte dieses Wunder...
Erfüllt von Liebe saß ich da...

Das Glück ist wie ein Schmetterling, und wenn Du Geduld hast, lässt er sich auch auf Deiner Hand nieder.
Wenn Du krampfhaft versuchst ihn zu fangen, verletzt Du ihn, oder Dich selbst.
Wir brauchen dem Glück nicht nachzujagen, weil es längst auf uns wartet, überall dort wo wir zu uns selbst finden.
Überall dort, wo wir Menschen uns Zeit nehmen einander zu finden, wartet das Glück geduldig darauf in unsere Herzen einzuziehen.
Ja, das Glück ist wie ein Schmetterling.
Wir selbst sind doch alle hier wie Schmetterlinge, die ihre Raupenhülle, für die restliche Zeit verlassen haben, um uns auf diesem Flug zu begegnen - für die kurze Zeit in der Ewigkeit.

Ich warf ein paar Dollarscheine in eine Spenden Box - so wie man gerne ein paar Münzen in einen Springbrunnen wirft, wenn man nach Jahren die Orte seiner romantischen Begegnungen besucht.

Bin ich wirklich zum ersten Mal hier?
Verliebt in das Leben, wieder verliebt in das Leben - over and over again.
Genauso, wie man sich in ein und dieselbe Frau immer wieder aufs Neue verlieben kann.
Das Leben ist voller Wunder, man kann es erkennen bei jedem Schritt.
Wir haben einiges gelernt...
Ich habe die Zeit um mich vergessen, und es kam mir alles vor wie ein kurzer Augenblick, obwohl ich fast zwei Stunden im Tempel war.

Auf Wiedersehen, Du lieber Freund...

Jeder Abschied birgt auch einen Hauch von Wiedersehen in sich.
Ohne Abschied könnte es kein Wiedersehen geben, tröstete ich mich selbst.
Auf Wiedersehen…
Was für ein schöner Abschiedsgruß, dachte ich leise…

Kapitel 6

Der Intuition gefolgt

03. Februar - Auftritt in Katoomba - von Jürgen

Unser Auftritt am Abend war klasse!
Zum ersten Mal völlig unplugged, unverstärkt, ohne Kabel und Mikrofone.
Der Raum war ziemlich groß und wir hatten keine Ahnung, ob wir in der Lage sein würden ohne Anlage, ausschließlich mit unseren Stimmen und Gitarren, unsere Schwingungen durch den ganzen Saal zu schicken.
Nachdem tagsüber an der Rezeption ein Schild mit der Information über unser Gastspiel aufgestellt worden war, waren wir zum Gesprächsthema geworden.
"Direct from Germany" war zu lesen gewesen - für die einen galten wir als Exoten, die anderen fragten sich, ob es sich um einen Werbegag handelte.
Einige Leute hatten sich auf Sesseln und Sofas direkt vor der Bühne niedergelassen. Die Spannung lag in der Luft.

Wir spielten zwei Sets und hatten die Aufmerksamkeit von Anfang an voll auf unserer Seite.
Nach unserem ersten Titel begrüßte ich die Anwesenden mit den Worten: "Ich hoffe, wir haben heute Abend genauso viel Spaß miteinander wie beim gestrigen Feueralarm." Die Lacher waren auf unserer Seite und so hatten wir von Anfang an eine gelöste Stimmung.
Schließlich hatte jeder den Vorfall am gestrigen Abend mitbekommen, als durch den extrem starken Regen und Wind eine Alarmsirene ausgelöst wurde, die durch Mark und Bein ging. Der Strom war ausgefallen und alle Bewohner des Hotels waren im Aufenthaltsraum versammelt gewesen. Die Feuerwehr war mit kompletter Ausrüstung, inklusive Atemmaske, angerückt. Als die Löschtruppe schließlich Entwarnung gab und der Feuerwehrhauptmann mit einem Sixpack Bier unterm Arm gelöst durchs Haus tingelte, war die allgemeine Stimmung auf dem Höhepunkt.

In Deutschland hätte der Spaß bestimmt 800 Euro plus Mehrwertsteuer (ohne Bier) gekostet. In Down Under läuft eben vieles anders, und so haben die „Retter im Einsatz“ ganz legal einen gepichelt.

Zurück zu unserem Auftritt: Es wurde getanzt, es wurde mitgesungen, und wie wir es aus Sydney kannten wurde fotografiert, was die Kameras hergaben. Es ging den Leuten nicht nur darum uns abzulichten, sondern gemeinsame Fotos mit uns zusammen auf der Bühne zu schießen.
Erinnerungen an einen besonderen Abend für zuhause.
Aus den ursprünglich vorgesehenen zwei Stunden wurde etwas mehr, um genauer zu sein, fingen wir um 20.30 Uhr an und spielten den letzten Ton um kurz vor 1.00 Uhr. Hätten wir uns nicht losgerissen, wäre es sicher noch länger geworden. Wir waren müde, wollten schlafen, sollte doch am nächsten Morgen der große Aufbruch nach Bellingen sein.
Nach elf Tagen in Katoomba ein notwendiger Schritt um im Fluss der Reise zu bleiben. Dennoch eine Fahrt ins Ungewisse. Hatten wir hier doch eine fantastische Zeit verbracht.

Schon kurz nach dem Aufstehen waren wir euphorisch. Das Reisefieber in den Gliedern, freuten wir uns auf die Abfahrt, den Abschied von der Kälte, dem Wind und dem Regen, der sich in den Blue Mountains seit Tagen festgefressen hatte und auf alles, was uns noch erwartete.
Ben und Corn, wie sollte es anders sein, hatten es sich nicht nehmen lassen, sich ein Frühstück vom Allerfeinsten zuzubereiten. Der eine hatte Kaffee, der andere Kakao, die frischen Trauben schmiegten sich um den Käse, das Müsli, Brötchen und im improvisierten Eierbecher, der aus einem Stück Eierkarton bestand, ragte als besonderes Schmankerl ein Frühstücksei. Echte Genießer!

Die anschließende Zugfahrt nach Sydney dauerte zwei Stunden. Wir nutzten einen Teil der Zeit dazu, unsere neuen Stücke zu üben.
Verschiedene Songs sind in Katoomba entstanden und wir waren heiß darauf, sie nun vor Publikum zu spielen.

04. Februar - Hier sind wir richtig - von Jürgen

Müde, aber happy sind wir in Bellingen angekommen.
Nachdem wir uns von Ben und Corn verabschiedet hatten, entschieden wir uns, einen Nachtbus bis nach Coffs Harbour, ungefähr 600 km Richtung Norden, zu nehmen.
Es ging über die Harbour Bridge, an der beleuchteten Oper vorbei, hinaus aus der großen Stadt, hinein ins nächste Abenteuer. Im Radio lief "Wish you were here."
Die Nacht im Bus vertrieben wir uns mit Gesprächen über "Dicke Fische", unsere Pläne und Zukunft, mit Lesen und mit Schlafen, wobei unsere Schlafstellungen mit Sicherheit in jedem guten Yogabuch zu finden sind. Man kann es zumindest mal versuchen, mit den Füßen über dem Kopf einzuschlafen. Ich glaube für fünf Minuten ist es mir tatsächlich gelungen.
Als wir am frühen Morgen aus dem Bus herausgestolpert waren, stand die Sonne noch ganz jungfräulich am Horizont. Ein bisschen planlos zogen wir mit unserem Gepäck und den Gitarren durch die Straßen, bis uns schließlich ein Schulbus näher zum Ziel brachte, nämlich nach Urunga. Dort ausgestiegen, staunten wir nicht schlecht, als die Straße rechts neben uns den Namen "Ferry Street" trug.
Mein erster Gedanke war: "Hier sind wir richtig".
Ich rief im Hotel an. 20 Minuten später wurden wir mit einem Geländewagen abgeholt, um die letzten 15 Kilometer zu überwinden, die uns noch von Bellingen trennten. Unsere Fahrerin stellte sich als "Robin" vor. Wir plauderten während der Fahrt, erzählten von unseren neuen Songs und ernteten freudige Reaktionen. Spätestens, als wir unsere Zimmernachbarn, zwei Holländer, kennen gelernt hatten, war es klar: Es war abermals richtig, der inneren Stimme gefolgt zu sein.
Der Mann im Raum neben uns heißt Paul und ist Musiker.
Er spielt das für „Dicke Fische" typische Rhythmusinstrument: Eine Cajon.

Mittlerweile ist es Abend. Ich sitze hier auf der Veranda und wünschte Du könntest sehen, hören und riechen was ich sehe, höre und rieche. Stell Dir eine friedliche Vorabendstimmung vor, der Himmel blau, um Dich herum ein kräftiges Grün, Bäume aller Arten, am Horizont die Berge. Holzboden, Holztisch, Holzstuhl. Vogelstimmen.

Die Luft, fast unbeschreiblich lieblich, duftend und warm.
Wir waren gerade im Fluss schwimmen. Klamotten runter, rein springen, abtauchen, auftauchen, staunen. Krokodile? Gibt's hier keine! Das wurde uns bestätigt, als wir schon längst im Wasser waren. Ängste loslassen und das Leben genießen.
Ich bin sicher, irgendwann schon einmal in einem Fluss geschwommen zu sein, aber mit Sicherheit war es kein Fluss diesen Ausmaßes.
Einer rein theoretisch drohenden Strafe trotzend, waren wir splitterfasernackend ins Wasser gehüpft und Anjel griff sich ein imaginäres Krokodil - ein Stück Treibholz, und legte einen kamerareifen Kampf hin, dass das Wasser nur so spritzte, während abwechselnd ein Fuß, ein Stück Holz und eine Arschbacke aus dem Wasser spitzte. Die Szenerie der Natur und Umgebung erinnerte ihn an seine Kindheit. Ein Fluss, eine Holzbrücke und die schier perfekte Einfachheit der Situation.
Wir sind glücklich.

Kapitel 7

Wir sind Teil eines Hotels

09. Februar - Bellingen - Bello - von Anjelo

Obwohl Bellingen nur 2600 Einwohner hat, ist es durchaus in ganz Australien bekannt. Die Lokalos nennen es liebevoll Bello. Ein wunderschönes Fleckchen Erde, wo man sich auf Anhieb wie zuhause fühlt.
Alternativ, aber ohne Brecheisen.
Hier gibt es das berühmte Jazzfestival - ein globaler Karneval.
Von hier aus startet man zu Regenwaldexpeditionen, man macht wunderschöne Wanderungen durch Traumwälder und Postkarten-Landschaften...
Das Gebiet um Bellingen heißt „Promised land", und hier fließt auch das Flüsschen namens "Never Never River" mit so sauberem Wasser, dass man daraus trinken kann.
Aber Bello ist für uns noch viel mehr: Es ist Kaffee schlürfen auf der Veranda, es ist Kanu fahren auf dem Fluss unterm Vollmond und einem Himmel voller Sterne. Es ist der Platz, an dem die Sonne heller zu scheinen scheint.
Es sind Künstler aus der Musikszene, Schriftsteller, Tänzer, Fotografen, Maler und viele andere Lebenskünstler, zu denen wir auch die Bäcker, Köche, Architekten, Kerzenmacher, Gärtner, Didgeridoo-Bauer und Winzer zählen.
Es ist ein Platz, an dem jeder gerne seine Lieblingsgeschichten erzählt, auf der Veranda in lauer Abendluft.
Es sind die Photos an der Wand von den Reisenden, die ähnlich empfinden...
Es sind abertausende von Fledermäusen beim Sonnenuntergang. Es sind die Kookaburras, die wie Affen lachen und deswegen den deutschen Namen „Lachvogel" verpasst bekamen.
Es ist der Fluss, der mich an meine Kindheit erinnert, genauso wie das gute Wasser aus dem Wasserhahn, das besser schmeckt als jedes Mineralwasser.

Es sind riesige Schmetterlinge.
Es ist „unser" Hotel, in dem man die Tür nicht abschließen muss...
Es ist das Meditieren am Fluss, es ist das Leben fühlen im ganzen Körper. Es sind unsere neuen Lieder, die wir erstmals vor größerem Publikum singen. Es ist Gitarre spielen auf unserem Balkon und auf der Terrasse…
Das ist Bello, das ist Bellingen.

10. Februar - Stippvisite in einer anderen Welt - von Jürgen

Am Dienstag nahmen wir an einem Ausflug teil. "Nude Beach & Alternativ Village" - „Nacktbadestrand & Alternatives Dorf", so war die Tour angekündigt worden.
Craig, unser Guide, bereitete uns auf eine sehr lange Fahrt vor. In Australien sind die Dimensionen eben anders.
Es war heiß, die Fenster des Kleinbusses offen, wir waren alle munter am Reden oder am Bestaunen der Natur, keiner achtete besonders auf die Wegstrecke. Irgendwann ging es ab vom Highway, direkt in den Wald. Die Straße war holperig, wir hüpften auf unseren Sitzen hin und her, und ich war froh, beim Besuch dieses Geheimtipps dabei zu sein. Wir rumpelten eine ganze Weile auf der kurvigen Fahrbahn durch den Wald, die Wege wurden schmaler, da hielten wir plötzlich vor einem Tor an.
War das der Eingang in eine andere Welt?
Wie ich vorher schon erfahren hatte, leben hier ungefähr 180 Menschen mitten im Wald. Eine alternative Gemeinde, gegründet vor 22 Jahren und irgendwie geheimnisvoll.
Langsam fuhren wir durch das Tor, vorbei an einem wunderschönen Briefkasten, der aussah wie das Gesicht einer Puppe. Bunt und kunstvoll gestaltet. Die Liebe steckte im Detail.
Ich sah eine Haltestelle für den Schulbus, daneben eine Tafel, die mit Kreide beschrieben und bemalt war, um Aktivitäten und Informationen mitzuteilen. Dann kamen die ersten Häuser. Eines war aus Holz, die Fenster hatten die Form eines Sterns. Das Haus war eingebettet in Bananenpalmen und Eukalyptusbäume. Ein anderes war ein umgestalteter Omnibus, mit Veranda davor, Solarzellen auf dem Dach und Hängematte im Schatten des Waldes.

Auf einem Schild war zu lesen: “Our Paradise”. Und wahrlich, so wirkte es auf mich, aber es sollte noch besser kommen.
Craig hielt an, ließ uns aussteigen und erklärte den Ablauf. Als Erstes ging es zum Strand, später würden wir einen kleinen Teil des Dorfes sehen, den Meditationsraum und das “Main House“, das von allen Bewohnern genutzte Hauptgebäude. In Letzterem gäbe es auch die Möglichkeit, etwas zu Essen.
Wir waren gespannt.
Der Weg zum Strand entpuppte sich bereits als die nächste Überraschung. Leicht bergab ging es auf einem kleinen Pfad durch den Busch. Von weitem hörten wir das Rauschen des Meeres. Bis dahin sollte es aber noch ein Stückchen sein, denn vor uns breitete sich eine weite, sonnige Lichtung aus.
Sattes, kräftiges Grün, Gräser, Wiesen und Schmetterlinge. Der Pfad, auf dem wir liefen, war kurz geschnittener Rasen. Ich fühlte mich wie einer von den Waltons auf dem Schulweg. Das hier musste vor allem auch ein Paradies für Kinder sein. Keine Autos, Natur pur, ein unendlich scheinender Spielplatz.
Craig erläuterte uns die Umstände: “Das hier ist ein Strand, an dem man nackt baden kann. Fühlt euch frei, die Kleider auszuziehen, wenn ihr wollt. Die Strömung im Meer kann sehr stark sein. Ich werde euch eine Stelle zeigen, an der ihr etwas geschützt seid. Passt auf euch auf, ich werde euch nicht retten, falls es euch hinauszieht. Im Wasser gibt es sehr scharfe Felsen. Die Felsen kann man unter Umständen schlecht erkennen. Und noch etwas: Schützt die Stellen eures Körpers, die die Sonne nicht gewohnt sind, sie könnten sonst schnell verbrennen.”
Alles klar, Craig, jetzt fehlte nur noch: Die Haifische sind im Allgemeinen sehr zutraulich!
Er stapfte los. Wir hinterher.
Kurz vor dem Strand lag auf dem abfallenden Weg schlangenlinienförmig ein dickes Tau. Dadurch entstand eine Art Treppe. Der Boden war rötlich und lehmig.
Unten angelangt, wollte ich nur eins: Schuhe ausziehen.
Der Sand, noch im Schatten der Bäume, war so fein, dass man ihn spüren wollte. Er war kühl, rieselte durch die Zehen, massierte die Fußsohlen und quietschte bei jedem Schritt. Die letzten 50 Meter führten durch einen Tunnel aus Blättern und Zweigen.
Dann nur noch staunen.

Links und rechts von uns Strand, soweit wir blicken konnten. Außer uns, nur drei braungebrannte, mit Sonnenhüten bedeckte Nackedeis. Das Meer blau, schäumend und gewaltig rauschend. Die Wellen in sehr kurzen Abständen und teilweise enormer Höhe. Die Sonne grell und stark. Der Sand weiß.
Klamotten runter, losgewuselt Richtung Abkühlung, mit Respekt vor der Gewalt der Natur und den Felsen, die ab und zu aus dem Wasser spitzten. Nach dem Baden zog ich mich in den Schatten des Waldes zurück. Die Kraft der Sonne und vor allem auch die Stärke der Strahlung waren mir durchaus bewusst. Ich setzte mich in den Sand. Atmete tief durch, schloss die Augen und ließ mich vom Klang der Wellen berauschen.

Schon nach einer Stunde marschierten wir wieder zurück. "Viel zu kurz", dachten wir.
Eine Stippvisite an einem Ort, an dem man gerne Tage verbracht hätte. Wir waren fasziniert.
Craig führte uns durch einen kleinen Teil einer Siedlung, die aus fünf Häusern bestand. Zwischen den Gebäuden war soviel Platz, dass man ganz locker noch zehn andere hinbauen könnte, und trotzdem hätte jeder einen Garten von der Größe eines Fußballfeldes, mit Bäumen, Blumen, Obst und Gemüse drauf. Es war unfassbar.
Jedes Haus individuell. Liebevoll gestaltete Pfade, Figuren, Gärten, mit feinen Details. Ein mit Muscheln verzierter Omnibus, eine Veranda aus Holz mit kuscheligen Kissen darauf. Die Fantasie ging mit mir durch. Ich konnte mir plötzlich alles vorstellen.
Hier zu leben, muss ein Traum sein.
Craig erzählte uns von einem Typ, der im Tausch gegen einen Karton Bier einen alten, fahruntüchtigen Omnibus erhalten hatte. Ein kleines Zuhause, ganz ohne Bausparvertrag, einfach nur auf ein paar Feierabendbierchen verzichtet.

Wir stiegen wieder ins Fahrzeug und fuhren im Schritttempo Richtung Mainhouse. Heute war Dienstag. An diesem Tag wird in der Kommune für alle gekocht und frisch gebackenes Brot sowie selbst angebaute Früchte und Gemüse verkauft.
Für ein paar Dollar gab es einen großen Teller mit Salat und Getreidebratlingen. Dazu Gemüse aus eigenem Anbau und Ingwer Chutney. Zu trinken eine Limonade aus Wasser mit Limonensaft und Eis.

Es schmeckte fantastisch - wir waren aus dem Häuschen.
Nach dem Essen sprachen wir ein paar Leute an. Unser Plan war: Freie Unterkunft im Dorf gegen Livemusik. Die Bewohner reagierten alle sehr freundlich. Gaben uns teilweise ihre Telefonnummer, sagten uns zu, dass sie sich umhören und nach etwas Geeignetem suchen würden.
Voll Hoffnung im Gepäck zogen wir kurz darauf schon wieder von dannen. Auf der Fahrt zurück nach Bellingen habe ich mit offenen Augen geträumt.

Wir sprachen mit Craig über unsere Pläne, längere Zeit in Genbunda zu verbringen. Er fand die Idee gut. Es gab nur einen Haken - eine Abmachung zwischen ihm und der Kommune. Eine Wegbeschreibung nach Genbunda herauszurücken, war ihm nicht erlaubt. "Ich hoffe, ihr findet den Weg", so Craig, "ich kann euch leider diesbezüglich keine Tipps geben, das ist so vereinbart." - Schweigen. Ein Lächeln, und weg war er. - Wir wollten dorthin zurück. Daran konnte uns auch ein unbekannter Weg nicht hindern.
Wir hatten angebissen!

12. Februar - Modita und ihr Osho - von Anjel

Zurück in Bellingen genießen wir die familiäre Atmosphäre "unseres" Hotels.
Wenn man länger an einem Platz bleibt, entdeckt man Details, die man als „Blitzreisender" unmöglich entdecken kann.
Zweimal die Woche gibt es hier die Durchlauftouristen, die abends mit „Oz-Experience" ankommen, um frühmorgens wieder in diesem grünen, kilometerschluckenden Bus verschwinden zu können, ohne eine wirkliche Chance, die Menschen und die wunderschöne Gegend kennen zu lernen.
Oz-Experience ist ein Reiseveranstalter, der die ahnungslosen und reisehungrigen jungen Traveller tausende von Kilometern hin und her durch dieses großes Land karrt, bis sie vom Rumreisen nichts mehr wissen wollen.
Diese bedauernswerten Zeitgenossen erleben das Land wie aus der zweiten Hand - nur durch die Fensterscheibe des grünen Busses, ohne

wirklich zu wissen, wie der Ort, in dem man gerade übernachtet hat, heißt. Glücklicherweise haben wir keinen solchen Zeitdruck und so entdecken wir jeden Tag Neues und Interessantes hier.

Es gibt einen netten, französischen, gute-Laune-spendenden Spruch: „*Je suis le pilier de bistro*", was ziemlich genau ausdrückt, was wir gerade zu diesem Hotel empfinden - wir sind Teil eines Hotels...
Wir gehören hier langsam zu dem Gebäude, oder besser gesagt - zum Inventar.
Wir begegnen interessanten Menschen und lernen sie und ihre Geschichte kennen.
Menschen, die sich noch viel mehr Zeit zum Reisen nehmen als wir und die wir ohne Zeit zu haben 100-prozentig übersehen hätten.
Unsere Zimmernachbarin heißt Modita. Sie kommt aus Holland.
Ihr spiritueller Vater ist Osho, wie sie uns berichtet.
„Er ist derjenige, der mich aufgeweckt hat", erzählt sie weiter.
Ich fragte sie: „Wie hast du zu ihm gefunden?"
Sie antwortete: "Er fand mich - mit seinen Gedanken und seiner Liebe."
Auch Jahre nach seinem Tod ist es interessant, einen Blick auf diesen Mann zu werfen, der eine Faszination ausstrahlt, ohne körperlich da zu sein.
Modita erzählt ausführlich über ihn: „Osho starb im Jahr 1990, nachdem er aus einem amerikanischen Gefängnis entlassen wurde. Das öffentliche Geheimnis lautet: - Er wurde in diesem Knast mit Langzeitgift ins Jenseits befördert.
Nachdem man ihm nichts Illegales anhängen, nichts Kriminelles nachweisen konnte, hat man ihn vorsichtshalber vergiftet - denn unbequem war er allemal", erzählt sie uns weiter.
„Er war ein Lehrer, ein guter, provokanter Lehrer, dem seine Botschaft so wichtig war, dass er eine ganz besondere Form zur Erklärung seiner Gedanken gewählt hat - die niemanden, der offene Ohren besaß, weiterschlafen ließ.
Osho wurde 1931 in Indien geboren und bevor er als spiritueller Lehrer hervortrat, war er als Philosophieprofessor an mehreren Universitäten tätig.
Er war ein Philosoph, der keine Kompromisse kannte und kein Blatt vor den Mund nahm", erzählt Modita enthusiastisch weiter.
„Seine Lehren fanden, zum Teil auch in kontroversen Diskussionen, Resonanz bei Millionen von Menschen...

In seinen Büchern lehrt er, die Wurzeln unserer Emotionen zu verstehen. In über dreißig Jahren praktischer Erfahrung hat er Techniken und Fertigkeiten entwickelt, mit deren Anwendung es gelingt, selbst in schwierigen Situationen innere Ruhe, Gelassenheit und Weisheit zu bewahren.
Osho lehrte auch spezielle Meditationstechniken, die er selbst entwickelt hat."
Modita hat einen bestimmten Glanz in den Augen, wenn sie über „ihren Osho" spricht.
„Seine Einsicht in die emotionale Natur des Menschen geht weit über die konventionelle Psychologie hinaus…"
Modita liebt ihren Lehrer, „Er hat mir schon öfters in Krisensituationen geholfen, obwohl ich seine Gedanken erst nach seinem Tode kennen gelernt habe."
Die Londoner *Sunday Times* zählte Osho zu den „1000 Gestaltern des 20. Jahrhunderts", und die indische Sunday *Mid-Day* reihte ihn ein unter die zehn Menschen, die das Schicksal Indiens in neue Bahnen gelenkt haben - zusammen mit Gandhi und Buddha.
Wir haben Modita auf der Veranda unseres Hotels getroffen und kamen ins Gespräch, das, mit kleineren Unterbrechungen, volle elf Tage andauerte.
Es war ihr wichtiger, über ihren Lehrer Osho zu erzählen, als über sich selbst…

13. Februar - Die Einzigartigkeit der Summe - von Jürgen

Der Ausflug nach Genbunda war eine unglaubliche Inspiration. Dennoch ziehen uns die Natur und die lieb gewonnenen Menschen in Bellingen schnell wieder in den Bann.
Damit Du Dir ein bisschen vorstellen kannst, wen ich mit „lieb gewonnene Menschen" meine, beschreibe ich ein paar Charaktere:

Da wäre als erster Craig. Ein dünner, fast ausgemergelter Kumpan. Brillenträger, Beatlesliebhaber, ehemaliger Bankangestellter, knallbunte Strickmützenträger, fantastischer Fotograf, Maler und Guide.
Er hat einen besonderen Sinn für trockenen Humor und führt Backpacker

durch den Regenwald.
Drei Wände des Hotels sind mit seinen Aktfotos tapeziert. Mit „tapeziert“ meine ich eigentlich verziert. Ein Bild am anderen. Ich habe die Bilder nie gezählt, ich kann nur schätzen, es mögen wohl ungefähr zweitausend sein.
Das besondere an ihnen ist, dass die Menschen darauf alle nackt sind, aber die Nacktheit ganz natürlich versteckt wird. So hat der haarige Didgeridoospieler sein Instrument, wie durch Zufall, ganz genau vor seinem Gemächt.
Oder die schöne junge Frau windet sich so geschickt zwischen den Ästen des Baumes auf dem sie liegt, dass das Holz die Stellen verdeckt, die für die erotische Ausstrahlung des Bildes in keiner Form notwendig sind.
Craigs Bilder haben aber noch andere Eigenschaften. Sie sind raffiniert, lustig und kunstvoll. Der Bauch einer Schwangeren ist von unten abgelichtet, so dass man nur ihren Bauch und den Himmel sieht. Ein absolut ungewöhnlicher Blickwinkel.
Lustig wiederum zwei ziemlich gleichgültig dreinblickende Männer am Strand. Die Gesichter voneinander abgewendet. Der von Natur aus Kleinere erscheint größer. Warum, dass sieht man erst auf den zweiten Blick. Der andere ist bis knapp unter den Knien eingegraben. Wunderbare Spannungen werden beim Betrachten assoziiert.
Stundenlang könnte man Craigs Bilder bestaunen. Man entdeckt immer wieder Neue und Neues.
Seine Kunst ist mit Sicherheit ein Teil der Atmosphäre, die das Hotel in Bellingen zum dreimaligen Jahressieger aller Youthhostels hat werden lassen.

Dann haben wir Shannon. Ein kleiner, blonder, äußerst humorvoller, kochbegabter Homosexueller. Aus Sydney nach Bellingen gekommen und dort hängen geblieben, wie so viele. Shannon ist ein Woofer. Das bedeutet, er arbeitet zwei bis vier Stunden am Tag für geringen Lohn, hat aber keine Kosten für Wohnen und geringe Ausgaben für Essen.
Er dachte nicht im Traum daran, seine Neigungen zu verstecken. Jeder wusste Bescheid. Eine Freizügigkeit, die das Lebensgefühl in Bellingen auf den Punkt bringt. Shannon spickte seine Anspielungen, mit denen er nur so um sich schmiss, stets mit seinem einzigartigen Witz.
Ich glaube er hätte mich geheiratet, wenn ich ein Gleichgesinnter gewesen wäre.

Nick, ein 25 Jahre junger Engländer auf der Durchreise. Der Sunnyboy schlechthin. Mit einer Anziehungskraft auf Frauen wie der Sommerschlussverkauf und trotzdem Single.
Sein unübertreffliches Markenzeichen: Schüchternheit. Braungebrannt, ein unwiderstehlich schönes Lächeln, als Kind Waldorfschüler, heute Waldorflehrer in Ausbildung. Ehemaliger Englischlehrer in Polen. Der älteste von acht Geschwistern.
Nick ist smart. Er ist immer freundlich, liebenswert und zu jeder Schandtat bereit. Seine Ausstrahlung beschränkt sich nicht nur auf Frauen, zum Leidwesen von Shannon.

Nicole ist aus Newcastle, Australien. Sie kocht definitiv die besten Spaghetti in Bellingen. Vier mal die Woche! Wir konnten es uns zuerst auch nicht vorstellen, aber man will einfach immer wieder mitessen.
Es war eine Wohltat, nach einem langen Tag, die Gabel in einen Teller Nudeln mit köstlicher Soße (es gab zwei verschiedene), überhäuft mit Käse, zu stecken und sich die Delikatesse einzuverleiben. Dazu Salat mit Apfelstücken und ein Glas Rotwein. Danach Torte, verziert mit Früchten und Vanilleeis.
Ich musste immer wieder an einen Satz meines Großvaters denken: „Du sollst nicht mehr in deinen Mund stopfen, als mit aller Gewalt hineinpasst." Wie Recht er hatte.
Nicole liebt es, Menschen glücklich zu machen. Wann immer sie einem über den Weg huscht, hat sie ein Lächeln und ein liebes Wort auf den Lippen.
Ihr schauspielerisches Talent ist nicht zu übersehen. Sie singt wie Marilyn und verwandelt sich, wenn es darauf ankommt, in sekundenschnelle von Heidi in einen Vamp.
Sie liebt den Film „Dirty Dancing“ und kann fast jeden Satz des Films auswendig.
Sie entpuppte sich nach einiger Zeit als der größte, australische „Dicke Fische“ Fan.
Ihr Slogan: „Tonight - Dicke Fische - Chill out to their tunes.“
Sie beschrieb unsere Musik schlicht und einfach mit dem Wort: „Orgasmic!“

Sue ist Engländerin. Sie startete mit ihrem Fahrrad im April 1999 von London aus über Dover nach Calais. Sie fuhr durch Frankreich, Italien,

Griechenland, Türkei, Iran, Pakistan, Indien, bis nach Nepal. Von dort flog sie nach Thailand und nach Sydney. Sie kam im Dezember 1999 in Sydney an, nachdem sie eine Strecke von 12 000 km mit dem Fahrrad hinter sich gebracht hatte.
Sie radelte ein Jahr durch Australien, Neuseeland und die Fiji Inseln. Im Februar 2001 flog sie über Los Angeles zurück nach London. Sie erkundete ebenfalls auf dem Drahtesel England, Schottland, Spanien und Portugal. Sie setzte über nach Marokko.
Zwei Jahre arbeitete sie anschließend in England um alsbald wieder loszuziehen. Momentan ist sie wieder in Australien unterwegs. Wir trafen sie in Bellingen und durften ihren Abschiedsabend nach einem sieben wöchigen Aufenthalt im Hotel mitfeiern.
Sue fuhr heute Morgen mit gepackten Satteltaschen weiter. Sie erzählte mir von ihren Plänen Südamerika mit dem Rad zu bereisen. Eine erstaunliche, liebenswürdige Frau, mit einem erfüllten Leben.

Nicht allein dieses schöne Holzhaus, und auch nicht Craigs Bilder, weder Shannon noch Nicole, Nick oder Sue, auch nicht die unglaubliche Landschaft, der Fluss, das Klima oder "Dicke Fische" machen die Einzigartigkeit des Moments aus. - Es ist die Summe des Ganzen.
Und schon jetzt ist uns bewusst, dass diese Augenblicke nicht nur unwiederbringlich und kostbar sind, sondern für immer in der großen Schatzkiste unserer Herzen einen ganz besonderen Platz einnehmen werden.

Kapitel 8

Die Reise geht weiter

14. Februar - Eine Liebeserklärung - von Jürgen

Außer diesen liebenswürdigen Weggefährten, dem wunderschönen Fluss und der uns umgebenden Natur möchte ich noch das abendliche Naturschauspiel erwähnen, das wir in Bellingen beobachten konnten.
Es gab dort sehr große Fledermäuse. “Flying Foxes” - “Fliegende Füchse” wurden sie genannt. Tagsüber hielten sie sich in den Bäumen, mit dem Kopf nach unten hängend, auf. Jeden Abend zur gleichen Zeit, wenn die Sonne gerade untergegangen war, machten sie sich auf den Weg. Es waren tausende. Nach wenigen Minuten war der Himmel voll von ihnen. In riesigen Scharen zogen sie über Bellingen hinweg, auf dem Weg zum Früchtefrühstück. Ein überwältigender Anblick. Mit offenen Mündern standen wir Abend für Abend da und beobachteten die fast lautlos dahin gleitenden Geschöpfe.

Genauso beeindruckend war unser Besuch im "Dorrigo Nationalpark", der sich nur wenige Kilometer von Bellingen befand. Es gab dort einen Holzsteg, den so genannten “Skywalk”, der einem ermöglichte, über den Bäumen zu laufen und sich den Regenwald von oben anzuschauen.
Im Wald wanderten wir auf schmalen, sich windenden Pfaden durch eine Traumlandschaft, bestehend aus riesigen, alten Bäumen und sattem Grün. Überall blühte und duftete es. Die Temperatur war nicht tropisch, sondern sehr angenehm.
Schon alleine die dortige Geräuschkulisse konnte einen verzaubern. Das vermeintliche Schreien eines Babys zum Beispiel, entpuppte sich überraschender Weise als eine Vogelstimme, die durch den Regenwald hallte. Nach einem langen Fußmarsch kamen wir an einen sehr schönen Wasserfall mit dem Namen “Crystal Shower”. Wir konnten uns dort hinter dem herabstürzenden Wasservorhang, umgeben von Millionen von schwebenden Wassertröpfchen, aufhalten und die donnernde und tosende Wassermusik umhüllte uns völlig. Zwei “Fische“ in ihrem Element.

Ein weiteres Erlebnis der besonderen Art war der “Swing”. Zehn Minuten Wegstrecke zu Fuß, und das illegale Überqueren einer eingezäunten Kuhwiese, vorbei an einem schnaubenden, im Dreck scharrenden Stier, waren nötig, um an diesen Platz zu gelangen.
Direkt am Ufer des "Bellinger Rivers", an einen riesigen Baum festgebunden, hing ein langes, dickes Seil. Man angelte sich zunächst das Tau, lief damit ein kleines Stück die Uferböschung hinauf, und der Spaß, der in Zeitlupe etwa folgendermaßen aussehen könnte, konnte beginnen:
Am Seil hängend, schwebt man Richtung Wasser, fragt sich in diesem Moment warum man das eigentlich macht, erkennt plötzlich die Dimensionen, fliegt bereits schon fünf Meter über der Wasseroberfläche, und da passiert es. - Es ist eine Mischung aus Ur- und Freudenschrei! Die Luft aus den Lungen drängt nach außen, der Mund öffnet sich, und den Stimmbändern bleibt gar nichts anderes übrig als zu vibrieren, und während man das Seil loslässt und unweigerlich aus Schwindel erregender Höhe hinabstürzt, schreit man wie Tarzan, als er sich zum ersten Mal von Liane zu Liane schwang.
Das Ganze endete mit einer wunderbaren Abkühlung und einem “Float”. Wir saßen dabei in einem aufgeblasenen Schlauch und schwammen, angetrieben von der Strömung des Flusses, wieder nach Hause. Vorbei an Bäumen, die im Wasser lagen, über kleine Stromschnellen, vorbei an den “Flying Foxes”, die in den Bäumen schliefen.
Ab und zu sah man sogar einen “Waterdragon”, eine Art Echse, durchs Wasser schwimmen. Der “Swing” - spannend, aufregend und wohltuend zugleich.

Während unseres Aufenthalts in Bellingen hatten wir sechs offizielle Auftritte, die alle ihren eigenen Charakter hatten. Unsere Zuhörer kamen aus vielen verschiedenen Ländern, und es war schön zu sehen und zu fühlen wie verbindend Musik sein kann.

Wir haben ein Lied über Bellingen geschrieben. “Es tut gut” ist der Titel des Stücks und es geht um die Natur, den Swing, den Fluss, die Offenheit, die einem hier begegnet, das Gleichgewicht zwischen Körper und Geist, das sich hier einstellt und die Verbundenheit zu diesem Ort an dem wir unsere Lieder spielten.
Eine Liebeserklärung an eine kleine Stadt. "Bellingen - I’ll dream of you when I’m gone!"

Es tut gut

Badete in deinem Fluss
flog durch die Luft wie Ikarus
hab' mich verliebt in dein Gesicht
fühlte mich im Gleichgewicht
and I'll dream of you when I'm gone

Und es tut gut
so unglaublich gut
mehr noch als gut

Hast mich in meinem Herz berührt
hab' die Offenheit gespürt
jetzt bin ich ein Teil von dir
ich spielte meine Lieder hier
and I'll dream of you, when I'm gone

Und es tut gut
so unglaublich gut
mehr noch als gut

Um die Wirkung unserer Musik noch etwas zu verdeutlichen, folgende Geschichte:
Wir standen auf der Veranda vor unserem Zimmer, als plötzlich ein junger Deutscher nach uns fragte. Er hätte gestern in Lennox Head ein Bootleg (ein Bootleg ist ein heimlicher Mitschnitt eines Konzerts) von einem unserer Auftritte in Bellingen gehört.
Er sei jetzt auf der Suche nach einer Band mit dem Namen "Dicke Fische". Sie sollten hier sein oder zumindest hier gewesen sein, hätte er von anderen Reisenden gehört.
Lennox Head ist nicht gerade um die Ecke, sondern ungefähr 400 Kilometer von Bellingen entfernt.
Er hatte uns gesucht und gefunden. Sein Name war Chris, er kam aus Berlin. Wir hatten ihn nie zuvor gesehen. Er hatte sich vom ersten Ton an, den er von diesem illegal aufgenommenen Auftritt gehört hat, in unsere Musik verliebt, und ist dann seinem Herzen gefolgt.

16. Februar - Detektivarbeit - von Jürgen

„You can get it if you really want, you can get it if you really want, but you must try, try and try, try and try, you succed at last.“ - so ein Songtext von Jimmy Cliff.
„Du kannst es bekommen/erreichen, wenn Du wirklich willst, aber Du musst dranbleiben, dranbleiben, dranbleiben. Letztlich wirst Du Erfolg haben.“

Wir wollten zurück in diese alternative Kommune. Daran hatte sich nichts geändert. Da wir den Weg dorthin nicht in Erfahrung bringen konnten, weil ihn schlicht keiner kannte oder preisgeben wollte, entschieden wir uns gestern, die Tour mit Craig auf ein Neues zu wagen.
Ausgerüstet mit Stift und Papier saß ich im Bus und wollte mir die Wegstrecke notieren. Abbiegungen, ungefähre Distanzen, markante Punkte die wir passierten.
Es stellte sich als eine ziemliche Herausforderung heraus. Vor allem der Teil des Weges, der durch den Wald holpert. Ich war mir nicht sicher, ob ich mein eigenes Gekrakel anschließend überhaupt noch entziffern könnte. Anstatt Worten waren auf meinem Zettel Linien zu erkennen, die an das EKG von einem aufgeregten Meerschweinchen erinnerten.
Außerdem waren die Orientierungspunkte: „Großer Baum auf der linken Seite …“ auch nicht besonders hilfreich. Schließlich rumpelten wir durch einen Wald, und da gab es viele große Bäume.
Endlich angekommen, war ich trotzdem guter Hoffnung den Weg am nächsten Tag alleine finden zu können.
Wir gingen zunächst an den Strand, danach zum „Main House“, aßen und tranken, und trafen ein paar Leute wieder, die wir schon von letzter Woche kannten.
Keiner hatte bis dato ein Haus oder einen Caravan für uns gefunden, und auf einmal war uns klar: Der Weg zum Dorf war nicht das einzige Problem. Die größere Herausforderung bestand in der Überwindung der Grenze zwischen der Hippiekommune und der Außenwelt.

17. Februar - Frau Kaplan - von Jürgen

Ich bin kein Profi in Traumdeutungen und kann mich auch nicht immer in dem Maße an meine Träume erinnern wie ich es mir wünsche.
Letzte Nacht hatte ich jedoch einen Traum von solcher Intensität wie ich es selten zuvor erlebt habe.
Ich bin überzeugt davon, dass wir in manchen Träumen intuitives Wissen verarbeiten oder uns mit Situationen konfrontieren, die für unsere Entwicklung bedeutend sind.
Manchmal waren meine Träume sehr heftig - die Botschaft die darin steckte war jedoch zu entschlüsseln und ich war fasziniert, wie mein Geist im Schlaf "arbeitet".
Anjel berichtete mir vor ein paar Tagen von seiner Mutter, die in der Lage ist sich an ihre Träume zu erinnern. Sie war es auch die ihm erzählte, dass dies durchaus erlernbar sei. Ich war begeistert. Es soll hilfreich sein, länger als drei Minuten in der Aufwachphase zu verharren. In diesem Schwebezustand, zwischen Schlafen und Wachen, sind die Träume noch ganz nah und wir können sie mit in den Tag nehmen.
Dadurch haben wir die Möglichkeit darüber nachzudenken, wir können versuchen sie zu deuten oder als Musiker: Lieder darüber schreiben.

Was ist bloß passiert

Gestern hab ich dich besucht
ich hab von dir geträumt
und was schon lange in mir schlief
hat sich aufgebäumt

Wir waren uns irgendwie so fremd
und ich hab keinen Plan
was für'n Schalter da wohl klemmt
und der noch simultan

Was ist bloß passiert
vielleicht hast du's kapiert

Jetzt wach ich auf
und bin auf einmal in 'nem andern Leben

ich bin kein Idiot und denk
es hätt' sich so ergeben

Gerettet hat uns auch nicht
das Gebet von Frau Kaplan
wenn du Gott zum Lachen bringen willst
erzähl' ihm deinen Plan

Was ist bloß passiert
vielleicht hast du's kapiert

Ich sollte vielleicht endlich akzeptieren
was ist das ist
das Leben macht mir Spaß
vor was hab ich denn eigentlich Schiss

Vielleicht davor
dass ich vergessen könnte wie du bist
die Türen stehen mir offen
und ich bin kein Solist

Was ist bloß passiert
vielleicht hast du's kapiert

Eine Frau Kaplan gibt es wirklich, sie arbeitete für die Kirche in Holzgerlingen und vermählte Menschen die sich trauten. Auch wenn manche Verbindungen nicht hielten, so bin ich mir sicher: Sie hat ihr Bestes gegeben.

18. Februar - Erste Berührungen - von Jürgen

Schweren Herzens packten wir unsere Sachen. Der Aufenthalt in Bello war so tief gegangen, dass man sich kaum eine Steigerung vorstellen konnte. Alle lieb gewonnenen Freunde hatten sich versammelt, während wir unsere Sachen in das Auto von Chris stopften. Umarmungen, gute

Wünsche für die Weiterreise, tiefe Blicke in die Augen, durchatmen, loslassen, weiterziehen.
Wir winkten beim Wegfahren, solange wir uns sehen konnten und sogar noch ein bisschen länger…

Ich hielt meinen Zettel in der Hand und spähte wie ein Adler nach den von mir notierten Anhaltspunkten. Ich wusste, wenn wir einen Punkt verfehlen, würde sich unser Vorhaben in Luft auflösen. Wir hätten kaum eine Chance, den Weg nach Genbunda auf eine andere Art und Weise zu finden.

Mein ehemaliger Pfadfinderleiter wäre stolz auf mich gewesen, und ich war es auch, als wir schließlich vor dem Eingangstor standen.
Trotz vielfacher Versuche war es uns nicht gelungen einen engeren Kontakt zu einem der Bewohner herzustellen. Wir hatten durch unsere vorherigen Besuche zwar die Telefonnummern von einer gewissen Gloria und einem Sheo, wussten aber nicht, wo die Häuser der beiden in diesem riesigen Wald- und Wiesenareal zu finden waren.
Wir hatten von David, einem Künstler aus Bellingen, zwei weitere Namen. Guy und Wenna.
Nicht besonders viel Information, aber wir wussten, was wir wollten. Das gab uns Kraft.
Wir entschieden uns zunächst nach Guy, einem Künstler, zu suchen, der wie Salvador Dali aussehen sollte. Wir fragten uns durch und kamen so in ein etwas außerhalb liegendes Dorf der Kommune.
Es fing an zu regnen. Nach dem wir nassen Fußes eine große, in einem Tal liegende Wiese überquert hatten, entdeckten wir ein Haus. Es lag auf einem Hügel, ungefähr einen Kilometer vom Haupteingang entfernt. Wir kämpften uns durchs hohe Gras bergauf, kamen langsam näher und hörten deutlich Kinderstimmen.
Es war das Haus von Celeste und Brian aus Irland und deren drei Orgelpfeifen. Die Kinder waren elf, sechs und ein Jahr alt. Die beiden Eltern schätzte ich auf Ende zwanzig. Sie lebten dort seit gerade sieben Tagen. Wir waren ihr erster Besuch. Sie baten uns ins Haus, und mir stachen sofort zwei Gitarren ins Auge, die in der Ecke standen. - Wir waren durch „puren Zufall“ bei zwei irischen Musikern gelandet, kamen ins Gespräch und erzählten von "Dicke Fische", unserer Reise und unseren Plänen, eine Weile in Genbunda zu bleiben.

Brian schaute mich ziemlich genau an und fragte: „Seid ihr die beiden Gitarristen, die vor etwa zwei Wochen in Bellingen auf der Veranda ein kubanisches Stück gespielt haben?“ - Mir war klar, dass er eine unserer Chan Chan Interpretationen meinte. „Ja“, sagte ich, „das waren wir!“ Ich war verblüfft. Brian erzählte weiter: „Ich stand mit meiner Frau und den Kindern unter der Veranda und habe euch zugehört. Irgendwann konnte ich mich nicht mehr zurückhalten und habe angefangen zu tanzen. Als ihr das Stück beendet hattet, habe ich laut geklatscht, gepfiffen und gerufen. Kannst Du dich erinnern?“ Ich konnte. Ich konnte mich tatsächlich an einen Applaus und ein Pfeifen erinnern. Es war der Tag gewesen, an dem wir in Bello angekommen waren.
Jetzt standen wir in einem provisorischen Haus, mitten im Wald, auf einem Hügel, bei zwei Leuten, die uns selbst noch nie gesehen hatten, aber unsere Musik und unsere Stimmen kannten.
Nachdem wir uns von Brian und Celeste verabschiedet hatten, fuhren wir zurück zum Haupttor. Guy war, wie wir erfahren hatten, nicht zuhause. Es galt einen zweiten Anlauf zu unternehmen.
Nach einigem Warten kam ein Auto angefahren. Eine Frau um die fünfzig hielt an und fragte, ob sie uns helfen könne. „Ich bin auf der Suche nach Gloria“, ließ ich sie wissen. Diesmal hatten wir Glück: Sie war Glorias Nachbarin. Sie beschrieb mir also den Weg und war auch sogleich wieder verschwunden. Die Dämmerung setzte langsam ein, wir hatten immer noch keinen Platz zum Schlafen gefunden. Den ganzen Tag hatte es geregnet. Alles war nass. Bei diesem Wetter ein Zelt aufzubauen war nicht gerade unser Traum.
Langsam fuhren wir durch das Tor, der Wegbeschreibung folgend. Ich wurde schon langsam unsicher, ob wir noch auf der richten Fährte waren, als ich plötzlich einen Menschen im Dunkeln unter den Bäumen stehen sah. Es war eine Frau. Sie hatte lange Haare, soviel konnte ich erkennen. Beim genaueren Hinsehen wusste ich, wer es war: Gloria.
Überglücklich wie wir waren, nahm sie uns in Empfang. Sie hatte von der Nachbarin erfahren, dass wir auf der Suche nach ihrem Haus waren und hatte im Regen unter einem Baum auf uns gewartet. Sie führte uns. Jetzt erkannte ich auch, warum sie auf uns gewartet hatte. Ohne ihre Hilfe hätten wir ihr Haus niemals gefunden. Es ging zwischen Bäumen und Sträuchern hindurch. Einen für uns erkennbaren Weg gab es nicht. Obwohl es dunkel war, konnten wir die Schönheit der Umgebung erahnen und teilweise auch an den Silhouetten im Mondlicht ablesen.

An Glorias Domizil angekommen zogen wir die Schuhe aus und traten ein. Es war ein wunderschönes Haus mit zwei offenen Etagen. Alles aus Holz, mit viel Geschmack und stilvoll eingerichtet, überaus ordentlich und minimalistisch. Eine offene Küche, eine gemütliche Kuschelecke mit Meditationskissen und ein Schreibtisch. Wir waren sehr beeindruckt.
Ganz anders als die „Hütte“ von Brian und Celeste.
Wie ich aus späteren Gesprächen erfuhr, ist Gloria eine weit gereiste Frau und kommt ursprünglich aus Spanien. Sie hatte bereits in Brasilien, im Amazonas, in einer Kommune gelebt und war mehrmals in Indien gewesen. Seit drei Jahren lebt sie in Genbunda. Sie hatte eine wunderbare, ruhige, fröhliche, sonnige und inspirative Ausstrahlung.
Wir standen also da, nass wie wir waren, und machten wahrscheinlich einen ziemlich begossenen Eindruck. Da ließ sie die Katze aus dem Sack: „Ich habe nebenan ein kleines Gästehaus“, sagte Gloria, „solange es so stark regnet könnt ihr dort gerne übernachten. Folgt mir, ich zeige euch den Weg.“ - Die stillen Freudenschreie ließen unsere Augen funkeln. Wir hatten ein neues Zuhause!

Kapitel 9

Dicke Fische bei den Hippies

19. Februar - Zwanzig entschlossene Menschen - von Anjel

Jeder Platz hat seinen eigenen Rhythmus, seine eigene Energie, seinen eigenen Tagesablauf.
Wir sind hier in einer alternativen Kommune gelandet, in der ungefähr 180 Menschen leben.
Sehr angenehme, reife Menschen, deren Kinder zwischen Null (da noch im Bauch) und 21 Jahre alt sind.
Die Uhren ticken hier anders, der Rhythmus ist uns neu.
Die Leute leben im Takt der Sonne und des Mondes. Tagsüber wird gelebt, nachts wird geschlafen.
Nichts Neues - denkst Du, und doch.
Wir haben unsere Nächte in den Städten längst zu Tagen gemacht.
Hier ist es anders. Die meisten Tätigkeiten werden erledigt solange es hell ist, danach nur noch waschen, essen, meditieren und husch, husch ins Bettchen. Morgens wecken Dich die Vögel früh genug, um den Sonnenaufgang zu erleben.
Die Kommune ist unabhängig von Wasser und Stromversorgung.
Hightech Solaranlagen sorgen für Elektrizität, Quellen für Trinkwasser und große Regenwassertanks mit Filtern für Waschwasser und ähnliches Nutzwasser.
Jedes Haus verfügt über einen riesigen Garten und eine umweltfreundliche Komposttoilette. Mit anderen Worten: Platz ohne Ende, gut abgeschirmt und unabhängig von der Außenwelt.
Peace & Harmony - das ist die Energie, die wir hier spüren.
Viele Leute beschäftigen sich hier mit Musik, widmen sich der Kunst, der Gartenarbeit, dem Yoga, der Meditation, dem Lernen, der Kindererziehung, dem Wellenreiten im Ozean und dem Leben genießen.
Der wunderschöne Meditationsraum war auch einer der Gründe, der uns hier „magnetisiert“ hat, um nicht zu sagen - er hat uns magisch angezogen.

Die Menschen hier machen einen gelassenen, ausgeglichenen Eindruck. Ob es wohl daran liegt, dass sie fast alle meditieren?
Es leben hier Leute, die sich der Liebe zur Natur und dem Leben in der Natur verschrieben haben.
Kein Wunder, die Natur hier ist sehr großzügig, und das hat sich auch auf die Menschen hier übertragen.
In diesem subtropischen Klima wächst alles, was man sich vorstellen kann: Mangobäume, Zitronen, Guaven, Orangen, Bananen, Auberginen, Lemongrass, Oregano, Big Basilikum, Rosmarin, Lorbeerbäume, Bambus, Eukalyptus, Falls Tobacco, Macadamia Nüsse (die man auch Queensland Nüsse nennt), Tamarillo Bäume, Banksia Bäume, Trauben und Unmengen an Früchten, die wir bis jetzt noch nicht kennen.
Es wimmelt hier von Papageien, Kookaburras, riesigen Schmetterlingen, Leguanen und Kängurus.
Unten am Strand kann man viele Möwen sehen, Seeadler, Pelikane beobachten und manchmal auch Delfine.
Die Natur ist sehr reich.
Die Natur ist die Liebe.
Diese Kommune wurde vor 22 Jahren an diesem wunderschönen Platz gegründet. Der ursprüngliche Grund war, die Natur in ihrer jetzigen Form zu erhalten und vor einer „Hotelisierung“ zu retten.
Ein großer japanischer Konzern wollte dieses Land kaufen um darauf mehrere Hotel Resorts zu bauen. (Die Bilder von tausenden austauschbaren Reiseprospekten kennen wir alle nur zu gut.)
Zwanzig mutige, entschlossene Menschen haben ihre Courage unter Beweis gestellt - ihr ganzes Geld zusammengelegt, einen Antrag mit ihren Projekten und Vorstellungen ihrerseits bei zuständiger Behörde vorgelegt und dann, überraschenderweise, auch den Zuschlag bekommen.
Naturschutz und Verstand haben tatsächlich gewonnen.
Wie erfrischend, hoffnungspendend und selten zugleich.
Zwanzig junge Leute wollten die Natur retten und es gelang ihnen.
Blumenkinder mit beschränkten finanziellen Mitteln gewannen gegen einen fetten Konzern, für den ein paar Millionen Dollar nur Peanuts sind.
Sie haben an ihre Träume geglaubt, und deswegen sind diese auch in Erfüllung gegangen.
Heute, 22 Jahre später, leben hier 160 Menschen mehr, aber die Liebe und den Respekt zur Natur fühlen wir hier aus jedem Garten, jedem Wort und jedem Haus.

Inzwischen hat die australische Regierung das Gebiet um die Kommune herum zum Nationalpark erklärt, - zur Freude von allen hier.
In einem Nationalpark dürfen keine kommerziellen Gebäude oder Hotels gebaut werden und er ist vom Staat besonders geschützt.

Ist es nicht unser aller Sehnsucht, einzeln und frei zu leben wie ein Baum und brüderlich wie ein Wald?

20. Februar - Bitte, mach' keine Werbung für uns... - von Anjel

„Unser kleines Paradies" - steht auf einem der Schilder hier - wie treffend, dachten wir...
„Gekifft haben wir schon genug", sagt uns ein freundlicher, sympathischer Hippie um die vierzig, der seit 15 Jahren hier lebt. Sebastian heißt unser Symphatico und stammt aus Holland, wo er als Musikinstrumentenbauer seinen Lebensunterhalt verdiente.
„Heute kiffen wir nicht mehr, die Meditation ist viel effektiver und auch noch gesünder", fuhr er fort.
„Der Alpha-Zustand ist wesentlich angenehmer und ohne Nebenwirkungen".
Die Kommunenbewohner bekommen einen bestimmten Glanz in die Augen, wenn sie über ihren neuen Meditationsraum sprechen, der erst im letzten Jahr gebaut wurde. Sehr modern und doch nur mit natürlichen und präzise verarbeiteten Materialien.
Aus jedem Detail spricht die Liebe.
Keine Götter, keine Ideologie - ein reiner „Selbsterfahrungs-Raum".
Ich würde den mutigen Architekten liebend gern kräftig umarmen...
Aber auch die anderen Häuser sind nicht von schlechten Eltern.
Hundertwasser würde es hier lieben.
Alles ist verspielt, bunt, unregelmäßig, originell, mutig, fantasievoll und irgendwie überraschend.
Manche Häuser sehen hier wie kleine Schlösschen, andere wie Knusperhäuschen oder Räuberhütten aus. In einigen Häusern wiederum sind verschiedene Teile von Omnibussen integriert, andere haben Pyramiden-Form oder sehen seltsam futuristisch aus, wie aus einer noch weit entfernten Zukunft.

Vielfältigkeit und Individualität in Hippie Form.
Manche Menschen von draußen nennen diesen Platz ein „Hippie Dorf", Jürgen und mich erinnert es wohl mehr an eine Waldorfschule, - was wir beide für ein großes Kompliment halten.
Viel Holz, viel Natur und frische Meeresluft, viel Platz in den Wohnräumen, viel Raum zwischen den Gebäuden.
Kein Haus gleicht dem anderen, keins von den Häusern, die wir bis jetzt gesehen haben, hatte ein Türschloss, das heißt - hier wird nicht abgeschlossen, hier vertraut man.
...aber wie ist das noch mal mit dem Türen abschließen?
Schließt man sich ein, oder schließt man sich selbst aus?
Trotz der „türschlossfreien Zone" - keine Kriminalität hier.
Du kannst Deine Sachen liegen lassen wo Du willst, sie werden auf Dich warten, bis Du sie wieder holst.
Man könnte nach dieser Erfahrung glauben; manches Schloss erinnert nur daran, dass man es eigentlich auch mal knacken könnte.

Rudolf Steiner würde sich hier wohl fühlen.
Wir fühlen uns hier wie Fische im Wasser.

Die Natur spürt man an diesem Platz viel intensiver und ihre Kraft ist hier nicht zu übersehen. Blind und taub muss sein, wer hier nicht ehrfürchtig der Natur gegenüber wird.
Die Menschen hier leben Frieden und Harmonie, anstatt nur darüber zu reden.
Frieden & Harmonie ist die Energie hier.
Gut abgeschirmt durch den großen, ausgedehnten Wald von der einen und dem für Schiffe ungeeigneten Strand von der anderen Seite.
Interessant, was uns Sebastian auch noch zeigte.
Direkt vor seinem *Futurehaus* hat er ein gigantisches Glockenspiel gebaut, das nicht nur gut aussieht, sondern auch noch gut klingt. Er ist auch Musiker, spielt Gitarre und Klavier und nach unserem Auftritt hier hat er sich in uns verliebt - auf musikalische Art und Weise.
Die Leute von der Kommune halten ihn für „maulfaul", feiner ausgedrückt - für Jemanden, der nicht sehr viel spricht.
Auf uns hat er ganz anders gewirkt.
Aus seiner kleinen Einladung zum Gigaglockenspiel antesten, wurden mehrere Stunden des feinsten, holländischen Humors, gemischt mit

philosophischen und musikalischen Einlagen. Sebastian ist sehr intelligent, hat Ahnung von Architektur, Musikinstrumenten, Philosophie, gesunder Ernährung und Umweltschutz.
Er genoss eine gute Ausbildung und hat das Herz am richtigen Fleck.
Musik verbindet, entklumpt die Zungen, öffnet die Türen und Herzen.

Beim Abschied nach unserem Besuch in seinem Haus hielt er kurz inne, befeuchtete seine Lippen und sagte besorgt: "Bitte macht keine Werbung für uns da draußen, oder vergesst wenigstens die Adresse von hier zu erwähnen."
Er verstummte für einen kurzen Moment.
Dann fuhr er fort: „Wir sind am Kommerz von den Städten nicht interessiert, und unsere Häuser sollen auch in der Zukunft ohne Türschlösser auskommen."
Ich schaute ihm in die Augen und habe verstanden, wie wichtig es ihm war.
Wir verstanden seine Ängste.
Die ganze Zeit war er lustig, wir haben viel mit ihm gelacht und jetzt spürten wir seine Sorgen um dieses kleine Paradies.
Die Kommune hat nichts gegen ein paar wirklich interessierte Menschen hier. Sie will sich nur vor der Masse der Touristen verschonen, die sie wie eine seltene Art der Hippie Freaks angafft, nur weil hier alles ein bisschen anders aussieht und abgeht.

Wir nennen also an dieser Stelle nicht die genaue Adresse und demjenigen, dem es wirklich ernst ist, dieses kleine Paradies zu finden, der lässt sich sowieso nicht aufhalten.
Uns versuchte man anfangs auch abzuwimmeln, aber der Ruf der Natur und des Meditationsraumes waren stärker.
Jetzt sind wir - „dem-Universum-sei-dank" hier, oder wie der Schwabe zu sagen pflegt:

„Mir wäret jetzetle do!"

Auf hochdeutsch: Ich habe das Gefühl, dass wir gerade eben genau da angekommen sind, wo wir schon immer hin wollten.

21. Februar - Sonnenaufgang am Meer - von Anjel

Wir haben es uns hier zur Gewohnheit gemacht früh aufzustehen, um bei der täglichen Sonnengeburt dabei zu sein - dem Rhythmus der Natur zu folgen.
Dabei zu sein und mitzuerleben, wie das Meer die Sonne immer wieder aufs Neue gebärt.
Schon der erste Millimeter der Sonne am Horizont zaubert einem automatisch ein Lächeln ins Gesicht.
Die helle Kugel steigt, die Möwen segeln ihr erfreut entgegen.
Wir beobachten, wie die Wellen die Sonne begrüßen, wie sich die Wolken rosa verfärben und verändern und wie schnell sich die Erde doch dreht.
Der Himmel sieht jetzt unwirklich schön aus. Auf einmal glaubt man Michelangelo, dass die Wolken tatsächlich so aussehen können, wie er sie gemalt hat. Der gute Mann musste wohl ein paar Mal ganz schön früh aufstehen, um dieses Bild in den Augen speichern zu können.
Früher dachte ich, er wollte dem Papst einfach etwas Schönes antun, fast etwas zu Schönes und ohne jegliche Beziehung zur Realität.
Ich irrte mich gewaltig.
Diesen Wolkenhimmel, mit diesen bizarren Farben, gibt es wahrlich.
Ich liebte Michelangelo schon immer, und jetzt, wo ich weiß, dass er auch noch so früh aufzustehen pflegte, liebe ich ihn noch mehr. (Komischerweise kenne ich den Namen des Papstes - den seines Aufraggebers nicht. Wahrscheinlich hat er nicht so toll gemalt… grins)
Für Michelangelo war es „nur" ein Auftrag mit klaren Vorgaben. Die Kreativität war zu damaliger Zeit eher eine Sache des Auftragsgebers und nicht die des Künstlers.
Er hat trotzdem in die Tiefe seiner Beobachtungsgabe gegriffen, und schreckte nicht vor seiner eigenen gefährlichen Streitcourage mit den kirchlichen Bonzen zurück, damit er schaffen konnte, was er letztendlich schuf.
Er hat seine ganze Kreativität und sein ganzes Können eingesetzt, um auszudrücken, was er in der Natur sah und hat damit mehrere Generationen beeindruckt.
Er weckte die Faszination, die im Auge des Betrachters lag.
Er hat viel mehr geleistet, als er musste und als von ihm erwartet wurde.
Er ist mit seinem ganzen Wesen in diesen Auftrag geschlüpft und schuf

daraus ein großartiges Kunstwerk. Ein Kunstwerk aus einem Auftrag zu schaffen in damaliger Zeit - fast ein Paradox.
Aber er schaffte es tatsächlich.
Er war ein Perfektionist, der seiner Zeit weit voraus war und genau solche Menschen, die mehr leisten, als man von ihnen erwartet, sind Katalysatoren für die Entwicklung der Menschheit.

Jeder aufmerksame und wache Reisende entdeckt neben einem aus der Versenkung aufgetauchten Michelangelo auch sich selbst.
Ja, das ist vielleicht das Spannendste am Reisen, wenn man neue, unbekannte Stellen und ihre Facetten in sich selbst entdeckt.
Zauberhaft sind die Momente, in denen wir entdecken, dass wir selbst ein Teil unserer Reise sind.
...dass wir ein Teil des Weges sind.
Wenn wir feststellen, dass wir mit dem Weg, den wir gehen, verschmolzen sind. Wenn wir erkennen, dass wir ein Teil dessen sind, dem wir mit offenen Herzen begegnen.
Es tut gut, von Menschen, Gedanken und Geschehnissen, die man liebt, gefärbt zu werden.
Wir färben und beeinflussen unser Umfeld auch, wenn unsere Farbe interessant und sehnsüchtig genug ist.
Man begegnet so vielen schönen Gedanken und auch diese Gedanken verschmelzen mit uns (oder verschmelzen wir mit ihnen?), wenn wir Türen und Fenster unseres Geistes offen halten.
Die Entscheidung, ob wir sie offen oder geschlossen halten, liegt in unserer Hand.

Die Gedanken, die wir zulassen, beeinflussen uns und wir beeinflussen die Gedanken.
Irgendwann sind wir Eins. Wie zwei Liebende, die beim Orgasmus das Gefühl für die eigenen Grenzen verlieren und aus zwei Körpern einer wird.
„Ist das schon dein Fuß oder noch meiner?“ - Alles wird eins...
An der Stelle, an der wir verbunden sind, pulsieren tausende von Informationen, die sich austauschen und ergänzen - wenn wir nur sensibel genug sind.
Wir wollen miteinander verschmelzen, wir wollen ein Teil des Anderen sein.

Beim Orgasmus können wir die Kontrolle über uns verlieren.
Eigentlich verlieren wir sie nicht, wir nennen es zwar so, aber in Wirklichkeit **lassen** wir sie nur **los**.
Wir öffnen uns endlich und auf einmal ist auch alles andere offen.
Auf einmal ist alles anders.
Plötzlich scheint das Universum uns verschlucken zu wollen und wir wollen von ihm verschluckt werden. Wir wollen mit ihm verschmelzen.
Wir öffnen unsere Hände, in denen wir oft krampfhaft die Kontrolle (fest)halten wollen und wir spüren auf einmal wie gut uns das **Loslassen** tut…
Wir **lassen** beim Orgasmus Schreie **los**, die uns manchmal selbst überraschen. Wir machen dabei Gesichter, und wenn wir uns in jenem Moment selbst sehen würden, müssten wir sofort explosionsartig lachen.
Aber wir sind in solchen Momenten mit ganz anderen Dingen beschäftigt.
Wir spüren Unbeschreibliches: Als ob das ganze Universum in uns implodieren würde.
Wenn wir so eine Orgasmus-Situation per Computeranimation wirklich original getreu nachahmen würden, müsste jeder halbwegs „anständige" Computer zusammenbrechen, sich aufhängen oder wenigstens abstürzen.
Ganz tief abstürzen und anschließend am Boden zerbrechen.
Wir sind aber Menschen und keine Computer und wir Menschen ertragen auch Übermenschliches - wie zum Beispiel einen Orgasmus.

Wir Menschen können nicht nur körperlich, sondern auch gedanklich verschmelzen und aufhören die eigenen Grenzen zu fühlen.
Wir können sogar aufhören zu fühlen, welche Gedanken und Gefühle die unseren sind und welche die des Anderen.
Wenn die Gedanken positive Energien transportieren und verbreiten, dann ist es egal, von wem was stammt, und wer letztendlich wen beeinflusst hat.
Dem Verbreiten von schönen Gedanken und positiven Energien sollten wir alle Türen offen halten. Liebende Gedanken sind Blüten des Herzens.
Freiheit gibt es nur dort, wo Liebe ist.
Wer sich vollkommen hingibt, wer sich frei fühlt, der liebt am meisten…
…und wer am meisten liebt, der fühlt sich frei.

Am späten Nachmittag laufe ich noch mal runter zum Strand und denke über Verschiedenes nach. Der endlose Himmel glüht rötlich, die Möwen verabschieden sich von der Sonne…

Die Möwen fühlen bestimmt nicht, dass sie dem Himmel oder dem Strand gehören, für uns Menschen gehören sie aber dazu.
Der Himmel gehört auch nicht der Sonne, ganz unabhängig davon, wie wir darüber denken.
Ich fühle die Liebe in der Luft und ich fülle damit meine Lunge.
Ich spüre, wie die Liebe in mich einströmt.
Es ist eine spezielle Art von Liebe, - das ist mir bewusst, während mich dieser angenehme Meeresduft in der Lunge kitzelt.

Es ist die Liebe, die niemanden besitzen will, und auch kein Besitz sein möchte.

22. Februar - Aufgeschlitzter Fuß - von Anjel

Ein neuer Tag, ein neues Glück. Wir spazieren in aller Frühe runter zum „Quietsch-Beach" - wie wir diesen Strand, wegen seines feinen Sandes, genannt haben.
Der Sand ist so fein, dass er beim Laufen leise quietscht.
Schmetterlinge, Möwen und Kängurus sind auch schon wach.
Unserem morgendlichen Ritual folgend - meditieren wir kurz am Strand - Gesicht der Sonne zugewandt, danach - rein ins Wasser…

Wie jeden Tag, stürze ich mich freudig ins Meer, und schon kurz darauf ist es passiert.
Ich habe meine Position zu den Felsen falsch eingeschätzt und bin von einer hohen Welle auf ein messerscharfes Riff geschleudert worden.
Ich spüre einen beißenden Schmerz am rechten Fuß.
Blut färbt das Wasser rot, bis eine neue Welle kommt…
Keine Haifischgegend - beruhigender Gedanke.
Sauberes Salzwasser ist ein gutes Desinfektionsmittel - zweiter Gedanke.
Ich schwimme langsam zurück Richtung Strand.
Hier in der Hippiekommune haben wir keinen Handyempfang und deswegen nutzen uns die Handys auch nichts - dritter Gedanke.

Ich humple aus dem Wasser, wie das Ungeheuer von Lochness mit malträtierter Pfote.
Meine Fußsohle ist aufgeschlitzt.
Kein leckerer Anblick.
Jürgen sieht meinen Fuß an und will mich tragen…
Feine Sache - wenn man zu zweit unterwegs ist, kann man sich auch mal ruhig und gelassen auf einen scharfen Felsen fallen lassen.
Ein Freund, ein guter Freund, das ist Beste was es gibt auf der Welt…

Wie wir aus einem früheren Kapitel wissen, ist der Schmerz auch unser Freund, denn er hilft uns schneller zu lernen, in meinem Fall: Vorsichtiger zu sein, nicht der Routine zu verfallen, den gesunden Körper zu genießen, solange er nicht schmerzt, und nicht zuletzt als Warnung vor Schlimmerem.

Jetzt ist es wichtig die Wunde zu reinigen. Der feine Sand drängt sich in alle Poren.
Nichts, aber auch kein Körnchen, darf drin bleiben.
Alles muss raus - wie beim Sommerschlussverkauf.
Bis jetzt sind wir hier, wie die Blumenkinder, sehr viel barfuss gelaufen.
Das wird sich für ein paar Tage ändern, und ich werde die Zeit wieder mehr zum Schreiben nutzen.

Ich behandle die Wunde mit Aloe Vera, die hier überall wild wächst.
Beim Schreiben, Gitarrespielen und Singen stört mich die Wunde überhaupt nicht.
…und außerdem, was brauche ich so viele Beine, sie stehen einem eh nur die ganze Zeit im Weg rum.

23. Februar - Humpelnd durch das Paradies - von Anjel

Mein Fuß ist über Nacht angeschwollen, vielleicht habe ich gestern zu wenig geschrieben (oder eine andere Infektion, - grins).
Der Weg zum Strand erscheint mir heute weiter als sonst.
„Dicker Fisch mit dickem Fuß unterwegs zum Baden im Fluss"…
Könnte zum lustigen Kinderlied werden, denke ich, als mir jemand aus

dem Garten, an dem ich vorbei humple, zuwinkt.
Wir haben bei unserem letzten Auftritt in der Hippiekommune einige Menschen kennen gelernt, und jemand, der mich von diesem Abend erkannte - winkt mir gerade freundlich zu.
Eine symphatische, splitternackte Frau auf einem kleinen Rasenmähertraktor bei der Gartenarbeit. Man sah ihr an - Rasen mähen machte ihr Spaß.
Ich humpelte näher.
Ein kurzer Smalltalk ergab, dass sie und ihre Freunde unsere Musik toll fanden…
So wurden wir spontan zu einem Chanting (spielen und singen von Mantras in ihrem Freundeskreis) eingeladen.
So weit, so gut …

Das nackt herumlaufen hier hat mehrere Gründe.
Aborigines laufen liebend gern nackig. Das gehört zu ihrer Kultur.
Sie lieben und genießen es, nackt zu sein und bei diesem Klima ist es auch vollkommen klar.
Das Klima formt die Gewohnheiten, die Gewohnheiten formen die Kultur und dadurch natürlich auch die Tradition.
Dass sich das "Gern-nackig-sein" auch auf die Leute hier übertragen hat, ist nur natürlich und logisch. Diese Energie ist hier spürbar.
Dass es sich auch auf uns übertragen hat liegt auf der Hand und ist hoffentlich auch für Dich nachvollziehbar.

Wir baden nackt, spazieren nackig am Strand, spielen nackt Gitarre, komponieren nackig unsere neuen Stücke, und ich schreibe das hier natürlich auch nackt.
Natürlich ist nackt.
Nackt ist natürlich.
Wir kommen alle nackt zur Welt und unter unseren Klamotten sind wir auch alle nackt.
Die Schmetterlinge, Kängurus und Papageien laufen hier schließlich auch nicht in schlapprigen Badehosen herum.

Das Völkchen hier ist ganz schön vielfältig und bunt. Es leben hier Leute aus Frankreich, Chile, Holland, Deutschland, Australien, England, Kanada, Neuseeland, Ungarn, Spanien und auch ein Urbewohner - ein Aborigine.

Gesprochen wird englisch.
Man lebt hier gut abgeschirmt von der rasenden Außenwelt, und der Respekt vor der Natur und Naturschutz stehen hier an oberster Stelle.
Ist es letztendlich nicht unser aller Wunsch?
Ist nicht unser aller Mutter die Erde und unser Vater der Himmel?
...und beide sind eins, beide sind die Natur.

Leben im Einklang mit der Natur, ganz im Sinne der Tradition der Aborigines.

Wir Weißen veränderten ständig die Welt, um sie unserer zweifelhaften Zukunftsvision anzupassen. Die Aborigines verwendeten all ihre geistigen Kräfte darauf, die Welt so zu erhalten, wie sie war.
Wer ist nun weis(s)er???

24. Februar - Halbzeitparty bei Vollmond - von Jürgen

Nach einem wunderschönen Sonnenaufgang haben wir uns heute sehr früh vom Meer verabschiedet und sind zum Haupttor gelaufen. Die Strecke von Banana Village zum Ausgang des Dorfes benötigt ungefähr fünfzehn Minuten.
Unser Ziel war es, eine Mitfahrgelegenheit in die nächst größere Stadt zu bekommen. Wir wollten einkaufen, um am Abend die Halbzeit unserer Reise gebührend feiern zu können.
Da wir kein Papier und auch keinen Stift bei uns hatten, schrieben wir eine Einkaufsliste mit einem gefundenen Stück Kreide auf die Tafel der Bushaltestelle.
Anschließend fotografierten wir den Tafelaufschrieb mit dem Handy. Die Technik machte es möglich.
Gerade als wir fertig waren, rumpelte ein altes, verstaubtes, mit Gittern gegen herumtobende Kängurus geschütztes Vehikel an. Manchmal passt es eben.
Wir stiegen wie selbstverständlich ein und fuhren mit in die Stadt.
Nur wenige Tage in Genbunda ließen das turbulente Leben der Stadt, mit den vielen Menschen, Autos und Geräuschen ganz anders wirken.
Geschäftig und wuselig wie ein Ameisenhaufen. Wir trafen Brian mit Celeste mit den Kindern, wir trafen einen Rasta mit seinem Sohn in der

Bank und wir trafen Mike. Alles Leute aus der Kommune.
Mike ist ein Strahlemann. Er spricht ein bisschen deutsch und lebt mit seiner deutschen Frau in Genbunda. Sie arbeitet als Kinderärztin, er geht Fischen.
Kein Wunder, dass er immer grinst. Happy life.
Mike bot an, uns wieder mit zurück ins Dorf zu nehmen.
Wir besorgten also schnell alles für den Abend und schon sausten wir zurück ins Paradies. Bestückt mit zwei Flaschen australischem Merlot, Früchten, Käse und Gemüse.
Zufälligerweise war diese Nacht Vollmond und wir waren voll Vorfreude auf das bevorstehende Fest.
Der Abend nahte. In unserer kleinen Küche häuften sich die Leckereien. Zwei Bleche Pizza, im Gasofen gebacken, Kürbissuppe, Salate und Wein. Dazu einige Gäste, die mehr oder weniger zufällig hereingeschneit waren.
Was sich nach dem Essen unter uns entwickelte, war geradezu berauschend.
Anjel und ich spielten unsere Songs, Kerzen brannten, und eine Mischung aus Gelassenheit und stiller Freude breitete sich in unserer Holzhütte aus. Langsam verspürten wir eine deutliche Brise Euphorie im Raum.
Den Temperaturen und der Stimmung entsprechend entledigten wir uns der Klamotten und spielten, was das Zeug hielt. Die anderen ließen sich fallen, tanzten und sangen mit. Es entstand ein unglaubliches Gefühl der Vertrautheit und Zusammengehörigkeit.
Ein Moment hat sich besonders tief in meine Erinnerung eingebrannt: Es war der Augenblick als ich beim Singen und Spielen unseres, am Vortag vollendeten, Liedes "Ein bisschen Mut" Gänsehaut bekam. Die Tatsache, dass die meisten unserer Gäste der deutschen Sprache mächtig waren, ermöglichte ihnen das Verstehen des Textes und das Mitsingen. Jeder kann ein bisschen Mut vertragen, ich schließe mich da in keinster Weise aus, und mit dem Wissen der einen oder anderen persönlichen Geschichte unserer Freunde, vermischt mit den eigenen Gefühlen, sangen wir uns alle Mut zu. Das war für mich der Höhepunkt dieses Abends.
Unvergesslich.

Ein bisschen mehr Mut

**Ein neuer Tag, ein neues Ziel
ein neues Stück
im Mosaik
ein neuer Teil deines Weges fängt heut an
es ist der Rest deines Lebens halt dich ran**

**'n bisschen mehr Mut, 'n bisschen mehr Mut
lang genug ausgeruht
es ist Zeit für ein bisschen mehr Mut**

**Ein neues Spiel, ein neues Glück
es formt sich schon
eine Vision
ein neues Bild vor den Augen, im Visier
und ich bleib' ganz gelassen, komm' zu dir**

**'n bisschen mehr Mut, 'n bisschen mehr Mut
lang genug ausgeruht
es ist Zeit für 'n bisschen mehr Mut**

Nach unserem spontanen Auftritt zogen wir alle zusammen durch die Silhouetten der Bananenbäume hinunter ans Meer.
Es war Ebbe, und ein nicht endend wollender, vom Vollmond beschienener Strand breitete sich vor uns aus.
Während ich im warmen Sand liegend die funkelnden Sterne und den Mond bestaunte, fing Anjel an, mit einem langen Stock im feinen Sand des Ufers zu malen.
Die Anderen partizipierten teilweise und so entstanden riesige Bilder, die in Kombination mit dem Licht des Mondes einen skurrilen Anblick schufen.
Anjel schien gar nicht mehr aufhören zu können, er malte, es malte ihn und dadurch entstand eine Art Tanz. Er tippelte rückwärts am Ufer entlang, zog den Stock hinter sich her und ließ der Inspiration freien Lauf, die weiche wellenförmige Linien, Kreise, Herzen, Blumen und Schnörkel hervorzauberte. Er drehte sich im Lauf um die eigene Achse und tanzte herzförmig über den Strand. Fließend und leicht.

Es war magisch.
Ein Freudentanz im Licht des Vollmondes.
46 Tage waren wir unterwegs und weitere 46 Tage lagen noch vor uns.
Mittendrin in unserem eigenen Abenteuer.
Mittendrin in Australien.
Mittendrin in einem real gewordenen Traum.
Aus der Inspiration dieses bezaubernden Abends entstand am nächsten Tag das Lied “Kann das wirklich sein”.

Kann das wirklich sein

**Ich fühl' mich so geborgen heute Nacht
schon lange nicht mehr so viel abgelacht
schon lange nicht mehr so für dich gespielt
schon lang’ nicht mehr so intensiv gefühlt**

**Kann das wirklich sein
dass wir zusammen fliegen
dass wir im Handumdrehen
das breite Grinsen kriegen**

**Kann das wirklich sein
es ist wie'n bisschen schweben
ja, wir leben.**

**Was wirklich zählt, das ist der Augenblick
ich schaue nicht nach vorne, nicht zurück
ich lass mich einfach tragen, fühl mich frei
will noch'n bisschen bleiben, komm bleib dabei**

**Kann das wirklich sein
dass wir zusammen fliegen
dass wir im Handumdrehen
das breite Grinsen kriegen**

**Kann das wirklich sein
es ist wie'n bisschen schweben
ja, wir leben**

Unsere Halbzeitparty neigte sich langsam dem Ende zu und alle Beteiligten versammelten sich müde, glücklich und voll von Eindrücken und Gefühlen. Ich bekam Fetzen einer Unterhaltung mit und klinkte mich ein. Im Gespräch ging es um einen Ort, 700 Kilometer entfernt im Outback.

Es wurde erzählt von einem Opalgräberstädtchen in der Wüste, hohen Temperaturen, Steppe, flirrender Luft, dem Rausch einen dicken Opal zu finden, und wie Mancher dort von der einen Sekunde zur anderen Millionär geworden ist.

Steine, Sand, rote Erde.

Australien von der anderen Seite.

Wir hatten bis dato wunderschöne Zeiten am Meer, im Wald und am Fluss verbracht, das Wasser und die Sonne genossen und geliebt, aber diese Erfahrung fehlte uns tatsächlich noch und sie schrie in dieser Nacht förmlich danach, erlebt zu werden; ein Trip in die Wüste.

25. Februar - Bäume pflanzen ins Paradies - von Anjel

Jeder Tag ist ein besonderer Tag.

Letzte Nacht hatten wir die Vollmond Party und so wurde die Nacht wunderbar kurz.

Einige Leute aus der Kommune feiern diese besondere Nacht, jeder auf seine eigene Art und Weise.

Wir pflanzten ein paar Bäume ein, zur Feier der Natur und unserer Halbzeit in Down Under. Jürgen und ich krempelten gleich morgens die Ärmel hoch und ran an die Arbeit.

Wir bekamen ein paar Mandarinen-, Bananen- und Custard Apfelbäumchen, gruben große Löcher in die Erde, unterlegten sie mit einer Mischung aus guter Erde und Kompost und gossen sie an. Danach mulchten wir den Boden, welches den Effekt hat, dass der Grasswuchs um die Bäume herum verlangsamt wird. Dadurch haben die Bäume die Möglichkeit, schneller als das Gras zu wachsen und genug Sonne zu tanken.

Jetzt kam noch die australische Spezialität - vier Pfosten, um jedes neue Bäumchen, in die Erde reinhauen, als Träger für den Schutzzaun, der verhindert, dass die Kängurus daran rumnaschen. Ein paar Lemongras-Pflanzen setzten wir ebenfalls in ihre neue Heimat ein.

Tolles Gefühl, Bäume in die Erde zu setzen, den Pflanzen die Starthilfe zum Leben zu geben.
Bäume in das Paradies pflanzen - was für ein Bild.

Ich musste aus mehreren Gründen den ganzen Tag an meinen Freund Jogi aus der Altdorfer Mühle denken.
Jogi ist ein Mensch, bei dem Du die Liebe und den Respekt zur Natur permanent spüren kannst, nicht nur zwischen den Zeilen seiner Worte, sondern in seinen Taten. Letztes Jahr hat er sich etwas ganz Tolles einfallen lassen.
Er hat 300 junge Laub- und Nadelbäume gekauft und zusammen mit einem Freund eingepflanzt.
Dreihundert Stück ist eine Menge Holz und auch eine Menge Arbeit. Nach dem heutigen Tag kann ich es mir viel besser vorstellen, was es bedeutet, 300 Bäume auf das Leben vorzubereiten.
Er musste es nicht tun, er hat keinerlei Zuschüsse oder ähnliche Unterstützung bekommen. Mein Freund Jogi hat Eigeninitiative und Zivilcourage bewiesen, obwohl er nicht der Typ ist, der irgendjemandem oder gar sich selbst ständig etwas beweisen will. Er hat es auch nicht an die große Glocke gehängt...
Er hat seine Zeit, sein Geld, seine Energie und Mühe eingesetzt, um der Natur ein Geschenk zu machen.
Ein großzügiges Geschenk.
Dem Jogi würde es hier gefallen; die Liebe und Achtung der Leute zur Natur, und ihre Einstellung zu natürlichen und unbehandelten Produkten, ebenso zum Trinkwasser und Umweltschutz.
Ja, der gute Jogi - mein Freund, der die Natur leise beschenkt und den ich in Gedanken gerade fest umarme…
Willst Du wissen, was ich meine? Willst Du wissen, was natürliche und unbehandelte Lebensmittel sind, ohne nach Australien fliegen zu müssen?
Dann besuche den Jogi in seiner Mühle und Du wirst sehen was für einen exotischen und doch ursprünglichen Laden er führt, welche Produkte er dort verkauft und Du wirst spätestens dann verstehen, was ich meine.

Es waren keine Obstbäume, die er eingepflanzt hat und die ihm über Jahre hinweg Profit bescheren könnten.
Jogi hat einfach ein offenes und freudiges Herz voller Liebe...

Ich musste heute auch an meinen lieben Onkel Milan aus Prag denken. Milan war Arzt und hat mich, schon seit ich mich erinnern kann, mit schönen Gedanken beeindruckt.
An dieser Stelle passt ein Gedanke meines weisen Onkels, der zu sagen pflegte:

„Liebe Herzen sind die Gärten, liebe Gedanken sind die Wurzeln, liebe Worte sind die Blüten, und liebe Taten sind die Früchte."

26. Februar - Willkommen im Leben - von Jürgen

Das Leben ist der beste Lehrer. Es gibt uns die Chance zu begreifen, zu lernen und zu wachsen. Ich hatte begriffen, dass es für mich wichtig gewesen war auf diese Reise zu gehen, um mein bisheriges Leben, meine Vergangenheit, mit dem nötigen Abstand betrachten zu können.

Bei den Hippies begegnete mir die Meditation erneut in einer wunderschönen Form und ich dachte oft voll Dankbarkeit an die Mönche zurück, die diesen Stein ins rollen gebracht hatten und mich mit ihren Botschaften begleiteten.

In der Meditation kamen Gedanken ans Tageslicht die sich in mein Unterbewusstsein eingenistet hatten. Es ging gar nicht unbedingt darum, sofort Lösungen für Probleme zu finden. Alleine das Zulassen der Gedanken setzte einen Reinigungsprozess in Gang.
Wir gingen fast täglich um die Mittagszeit in den wunderschönen Meditationsraum in Genbunda. Unser Freund Sheo hatte viele Jahre seiner spirituellen Erfahrung zusammen fließen lassen und so eine besondere Form der Meditation erschaffen.
Ein Bestandteil davon war das schweigsame Betrachten eines kreisförmigen, bunten Bildes, wobei wir uns auf dessen Mittelpunkt konzentrierten.
Nach einigen Minuten schlossen wir die Augen und erstaunlicher Weise erschien mir das zuvor betrachtete Bild, in einer Form von Lichtspielen, vor meinem inneren Auge.
Du kennst das vielleicht aus eigener Erfahrung, als Du einmal direkt in die Sonne geschaut hast und anschließend mit geschlossenen Augen weiterhin einen Lichtpunkt sehen konntest.

Nach einiger Zeit wurde das Bild das ich sah immer schwächer, wie wenn es davon fliegen würde. Sheo schlug vor, an eine geliebte Person zu denken und ihr dieses Bild als Botschaft der Liebe zu senden.
Mit geschlossenen Augen saß ich da, stellte mir verschiedene Menschen vor und legte in meiner Fantasie das davonschwebende Bild wie eine wärmende Decke um sie herum.
Ich fühlte mich wie ein frisch geschlüpftes Küken, denn diese Erfahrung machte mich frei. Sie befreite mich von einer harten Schale die sich um mich herum gebildet hatte. Ich hatte das Gefühl, das mich das Leben umarmt, mich begrüßt, mich willkommen heißt:

Willkommen im Leben

**Er wäre gern der Mann gewesen, der sie zum Lachen bringt
er hätt' ihr ein Lied geschrieben das nur von Liebe singt
er hätt' sie gern gehalten aber nicht zu fest
es gab 'nen ander'n Plan
und der hat wehgetan**

**Sie wäre gern die Frau gewesen, die alles hat
wäre gern im Boot gesessen, das er erwartet hat
sie hätt' sich gern mit ihm noch viele Nächte ausgetauscht
es war ihr Privileg
sie nahm den ander'n Weg**

Bekommen, gegeben , willkommen im Leben

**Sie wären gerne alt geworden, aber Hand in Hand
hätten alles was entzweit aus ihrem Leben verbannt
das Boot ist abgefahren es gibt keinen Rückfahrschein
sie leben die Liebe neu
und sind sich trotzdem treu**

Bekommen, gegeben, willkommen im Leben

Erst im Nachhinein habe ich erkannt, dass „Willkommen im Leben“ ein Liebeslied ist. Es ist das Realisieren des stetigen Wandels, das Akzeptieren der Veränderung, eine Liebeserklärung an das Leben.

27. Februar - Die Wichtigkeit des Nichts - von Anjel

Wir bewundern die Einfachheit, in der manch Einer hier in der Hippie-Kommune lebt.
Immer wieder stellen wir fest, dass wir auch mit der Hälfte unseres mitgebrachten Reisegepäcks wunderbar auskommen könnten.
Vielleicht ist dies das Kontrastprogramm zu unserer westlichen Programmierung: **Nice to have.**
Dinge, die man nicht braucht aber doch gern besitzen möchte.
Ich denke, so ein richtiger Kontrast zum **alles-haben-wollen** wäre, sich über die **Leere**, sich über das **Nichts** freuen zu können.Grundlose Freude sozusagen.
Du fragst Dich jetzt bestimmt: Was will Anjel damit sagen?
Ich versuche gerade die Wichtigkeit des Nichts zu beschreiben. Ich versuche die Bedeutung und die Wichtigkeit der Leere zu erfassen:
Man formt Ton zu einem Gefäß, doch nur durch das Nichts im Inneren kann man es benutzen.
Man baut ein Haus, doch nur durch das Nichts in seinem Innern erhält dieses (sowie alles in ihm) einen Sinn.
Somit entsteht ein Gewinn aus dem was da ist, erst durch das, was nicht da ist.
Man kann nur ein leeres Glas füllen, denn in ein volles passt nichts mehr hinein.
Es ist wie mit den Händen, die zuerst etwas loslassen müssen, um etwas neues aufnehmen zu können. Es ist **das Nichts** in den Händen, das uns diese Chance gibt.
Es passiert geradezu intuitiv und wir müssen darüber nicht nachdenken.
Das Ungewöhnliche überrascht uns gern.
Es ist wie mit dem Atmen: Wir atmen ohne, dass wir es merken. Es ist wichtig und gut zu atmen, aber die aufregendsten und wichtigsten Momente im Leben sind die - in denen wir vergessen zu atmen.
Augenblicke, die uns den Atem rauben.
Ereignisse, die uns das Atmen vergessen lassen, wenn uns die Faszination überwältigt.
Wenn uns die Faszination das "**nicht-atmen**" wichtiger erscheinen lässt als zu atmen.
Genauso ist es in der Musik: Die Pausen, die nicht gespielten Töne, liefern den Raum für Fantasie, Raum für eine eigene Melodie im Kopf.

Die “Ministille” zwischendurch ermöglicht ein Kontrast-Programm. Nach dem Prinzip der Polarität, die an allen Ecken und Enden auf ihre Endeckung wartet. Gute Musik ist voller Kontraste und die zarten, sparsam arrangierten pianissimo Passagen sind genauso wichtig, wie rasende Läufe und die gewaltigsten Fortissimos.

Es ist wie bei der Meditation: Ich muss keine Gedanken **haben**, keine fixen Ideen festhalten, sondern sie **loslassen**, sie **nicht haben**.
Bei der Meditation muss ich nichts **haben**, sondern nur **sein**.
Es gibt hunderte Formen von Meditation und sie alle haben eins gemeinsam: Du wirst eins mit dem, was Du tust - wenn Du sie richtig praktizierst.
Meine liebste Form der Meditation ist Gitarre zu spielen.
Mit den Fingern an den Seiten fühle ich mich wie ein Fisch im Wasser.
Ich setze mich irgendwo allein hin und spiele Melodien, die es nicht gibt und die ich als positive Vibration für meine Seele erklingen lasse.
Es ist für mich eine Art Selbstgespräch.
Ein Monolog, der aus Tönen anstatt Worten oder Gedanken besteht.
Die freie Energie meines Geistes formt ihre eigenen Melodien und Harmonien und sie hält sich dabei an keinerlei Strukturen oder Formen.
Ich versuche dabei meine ganze musikalische Ausbildung sowie all meine Erfahrung **loszulassen.**
Ich versuche eins mit der Musik zu sein.
Manchmal stelle ich mir vor: Ich bin ein Ton.
Ich bin ein Teil der Musik, die ich gerade mache und lasse alle anderen Gedanken los.
...und irgendwann bestehe ich nur noch aus Tönen, und bin ein Teil dessen, was ich tue.
In solchen Momenten wird mir klar, dass **nichts** Materielles dieses Gefühl ersetzen oder steigern kann.
In diesen Augenblicken ist es eben der **Verzicht** und nicht das **Streben** nach etwas Materiellem, was zu einem inneren Lächeln führt.

...inmitten einer nach Luxus strebenden Welt erkennt irgendwann jeder, dass Genuss durch Verzicht entstehen kann.
Ich denke, durch das Begreifen der Bedeutung des Nichts, können wir sogar die Angst vor dem Tod überwinden.
Es ist ein Paradox, aber ich glaube, dass **das Nichts** so abstrakt ist, dass es für jeden von uns etwas anderes bedeuten kann.

Für mache Menschen bedeutet der Tod das ewige Nichts.
Das ewige Nichts bedeutet wiederum für manche - ein luftleerer Raum.
Für die Nächsten ist das Nichts ein theoretisches Gegenteil von Etwas und für wieder andere ist es vielleicht ein schwarzes Loch.
Und all diese Bedeutungen versucht man zu definieren…
Zum Beispiel die Definition des Lochs: Ein Loch ist Nichts umgeben von Irgendetwas.
Ein Loch könnte aber auch ein Grab bedeuten.
Das Grab wiederum kann für manche das Tor zur einer anderen Form des Seins (oder des nicht Seins) bedeuten.
…aber was für einen Sinn macht es das Nichts oder ein Loch zu definieren?
Vielleicht liegt der Sinn darin, auch die Angst vor dem Tod zu definieren und anschließend zu besiegen oder wenigstens zu verjagen.
Vielleicht liegt der Sinn darin, der Angst ins Auge zu blicken, denn wenn man sie anschaut beginnt sie kleiner zu werden.
Es ist nämlich nicht so, dass die Angst vor dem Tod uns nicht **loslassen** will (oder kann), sondern wir sind diejenigen, die die Angst nicht **loslassen** wollen (oder können).
Wir weigern uns sogar Dinge loszulassen, die uns offensichtlich quälen.

Wir alle haben die Angst vor dem Tod irgendwo in der Kindheit **unbewusst** mitbekommen. Jetzt sind wir erwachsen und können, wenn wir wollen, diese Angst **bewusst** loslassen.
Niemand, außer uns selbst, steht uns dabei im Wege.
Wir können alle selbst wählen:

Im Licht des Lebens anstatt im Schatten des Todes zu leben.

Kapitel 10

Dicke Fische in der Wüste

02. März - Der Brief - von Jürgen

Nathalie lebte in einem schönen Haus in Banana Village, einem dem Meer nahe gelegenen Ortsteilchen von Genbunda. Sie hatte von unseren Plänen nach „Lightning Ridge" zu fahren gehört und wurde somit zum Auslöser dieser Geschichte...

Zur Erklärung ein kurzer Ausflug in Nathalies Vergangenheit: Vor vielen Jahren lebte sie in Nachbarschaft zu einem Mann namens Ben. Ben wiederum war ein Abenteurer und ist mittlerweile ein Minenbesitzer in „Lightning Ridge", der den großen Coup gelandet hat.

Als junger Mann war er losgezogen, um den Traum vom Tellerwäscher zum Millionär zu verwirklichen. Angezogen vom Rausch der Opale war er vor Jahren in „Lightning Ridge" gelandet und buddelte wie viele andere in der heißen, trockenen, steinigen Erde Australiens, in der stetigen Hoffnung, seinen Schatz auszugraben.

Ben hatte aber noch eine zweite Leidenschaft. Es war die Gärtnerei. Pfiffig wie er war, nutzte er seine Fähigkeiten und die klimatischen Verhältnisse und pflanzte was das Zeug hielt - eine robuste, dankbare, gewinnbringende Pflanze namens „Cannabis indica" an. Durch den Verkauf seiner Ernte war er bald in der Lage, seine Schaufel in die Ecke zu werfen, um sich mit dem Verdienten große Maschinen zu kaufen, die ihm die Arbeit fortan erleichterten.

Er grub damit in kürzerer Zeit tiefere Löcher als andere und hat demzufolge dem Glück ein bisschen auf die Sprünge geholfen und den „dicken Stein" gefunden. Heute ist er Millionär und besitzt mehrere Grundstücke.

Nathalie und Ben hatten sich dreizehn Jahre weder gehört noch gesehen. Grund genug für sie, ihm durch uns eine kleine Nachricht zukommen zu lassen.

„Ben ist total nett," schwärmte sie, „er wird sich sehr freuen. Er wird euch vielleicht sogar seine Mine zeigen." Wir waren begeistert von der Vorstellung, diesen Abenteurer kennen zu lernen.

Kurz vor unserer Abfahrt lief ich zu Nathalies Haus, um sie nach dem angekündigten Brief zu fragen, den wir Ben überbringen sollten. In der Eile schrieb sie ihm schnell ein paar Zeilen und endete mit den Worten: „Nicht verheiratet, keine Kinder. Grüße Nath."
Lachend über ihre eigene Formulierung klebte sie das Kuvert zu und adressierte es mit: „An Ben und Tanja - von Nath".
Hätte ich in diesem Moment schon gewusst, dass „Lightning Ridge" zwischen 4000 und 7000 Einwohner und 50 Polizisten (je nach Opalsuchfieber) hat, hätte ich sie nach Bens Nachnamen gefragt. Nicht alle Orte in Australien haben, wie Genbunda, nur 180 Einwohner.
Ich verabschiedete mich von Nathalie und marschierte mit dem Brief in der Hand zurück zum Auto. Das Ticket zum Abenteuer. Mein Geburtstag stand vor der Tür.

02. März - Die Welt steht Kopf - von Jürgen & Anjel

Bepackt mit Lebensmitteln, 40 Litern Wasser und unseren Gitarren fuhren wir ab. Für die gesamte Strecke von 1400 Kilometern hatten wir eine Woche eingeplant.
Wichtig war für uns in diesem Moment, auf dem Weg zu sein, und nicht nur so schnell wie möglich nach „Lightning Ridge" zu kommen.
Nach mehreren Stunden Fahrt, die Sonne stand schon tief am Horizont, entschieden wir uns, die Nacht an einem wunderschönen Aussichtspunkt zu verbringen. Ein Schild mit der Aufschrift „Look out" hatte uns von der Straße abbiegen lassen. Wir fuhren auf einem Schotterweg durch den Wald auf einen Hügel und bauten unser Zelt auf.
Inspiriert durch den Blick über die gesamte Ebene auf die Berge und die bevorstehende Geburtstagsnacht, sammelten wir Brennholz. Es sollte eine schöne Nacht am Lagerfeuer werden. Geburtstag auf eine andere Art und Weise. Still und besinnlich.
Die Luft war warm und trocken. Wir genossen den Sonnenuntergang, der den Himmel zum Glühen brachte, als plötzlich ein Auto angefahren kam. Es war ein alter Mercedes, staubig von einer langen Fahrt durch die Wüste. Der Fahrer stieg aus und machte einen fünfzehn minütigen Kopfstand.
Wir schauten uns an wie zwei Fische wenn es blitzt. In unseren Augen

stand ein großes Fragezeichen, das auch hinter einem Satz stehen könnte wie: Was geht jetzt ab?
Aus seiner Sicht stand die Welt jetzt Kopf.
Fred, so hieß der Gute, näherte sich unserem Feuer und offenbarte sich nach einem kurzen Wortwechsel auf Englisch als Deutscher.
Vor 40 Jahren nach Australien gekommen, lebt er nun das Leben eines Pendlers. Sechs Monate Deutschland, sechs Monate Australien.
Sein australisches Zuhause liegt 200 Kilometer nördlich von Cairns, an der Ostküste, im letzten Rest des ursprünglichen australischen Regenwaldes. Einem von teilweise heftigsten Regenschauern und Stechmücken sowie Termiten geplagten Paradies, 50 Meter vom Strand entfernt, in einem Pfahlbau.
Fred war ein Unikum. Er entpuppte sich als Geschichtenerzähler der Spitzenklasse.
Er sprudelte förmlich über, und wir waren gefesselt, fasziniert und gebannt zugleich. Die Energie, die beim bloßen Zuhören seiner Erlebnisse und seiner Art, sich zu artikulieren entstand, entlud sich in Lachanfällen.
Nach ungefähr einer Stunde vulkanartigen Wortschwalls, erklärte er uns den Grund seiner Erzählwut. „Ihr müsst schon entschuldigen Jungs," sagte er lächelnd, „aber ich habe drei Tage lang nicht gesprochen. Da wirst du wahnsinnig," gab er uns zu verstehen, „du sitzt im Auto, Kilometer für Kilometer, Stunde für Stunde, und bist die ganze Zeit mit deinen verrückten Gedanken konfrontiert. Du steigerst dich immer weiter rein und alles, was du siehst, außer dem Staub der Wüste, sind ein paar blöde Kängurus. Und das musste jetzt alles raus."
Wir wollten gerne mehr über den vorangegangenen fünfzehn minütigen Kopfstand und die vielleicht tiefere Philosophie hinter seiner Yoga Übung wissen.
"Das schindet manchmal Eindruck", antwortete er trocken und grinste.
Uns war klar, dass es durchaus auch der Durchblutung seiner Sprachorgane diente...
Gestartet war er in Perth (ca. 4500 km Entfernung), dort hatte er seine 85-jährige Mutter besucht. „Sie beschwert sich, dass sie seit zehn Jahren keinen Sex mehr hatte", flachste er, „ihr letzter Lover war zwanzig Jahre jünger als sie, aber er hat es wohl auch nicht so richtig gebracht. Über ihren Gesundheitszustand brauche ich mir keine Sorgen zu machen, solange das ihre einzigen Probleme sind."
Wo er Recht hat, hat er Recht.

„Apropos Sex, habt ihr schon Bekanntschaft mit den australischen Sandflöhen gemacht?“, fragte er uns. Er hat unsere Antwort nicht einmal abgewartet, sondern erzählte munter weiter. „Stellt euch vor: Romantisches Mondlicht, ich am Strand, mit so einer jungen Lady, die gerade mal 26 Jahre alt ist, lasse mir ganz gemütlich einen blasen, da beißt mir so ein Winzling in den Fuß.
Jungc, das ist so ein Schmerz, da kannst du dich auf gar nichts mehr konzentrieren. Schluss, fertig, aus.
Da konnte ich gleich wieder einpacken.
Scheißviecher!“
Fred war um die 60 Jahre alt und aus seinem Mund klang das alles doppelt lustig. Vor ihm lagen weitere 4300 Kilometer bis nach Hause. Unterwegs wollte er bei einer Freundin vorbeischauen, die „hinter dem Hügel“ (weitere 350 Kilometer Fahrt) wohnte.
„Sie legt Karten und weiß ganz genau, dass ich komme,“ erzählte er, „nicht, dass ich an so was glaube, aber ich brauche mich nicht anzumelden, die erwartet mich schon. Wir haben uns in den letzten acht Monaten nicht gesehen und auch nichts voneinander gehört, aber sie weiß bestimmt, das ich auf dem Weg zu ihr bin.“ Dafür, dass er nicht an das Kartenlegen glaubt, war er sich seiner Sache ganz schön sicher.
Fred unterwies uns in höherer Giftschlangenkunde. „Was macht man, wenn man von einer Schlange gebissen wird?“, wollten wir wissen. In seiner unnachahmlichen Art erläuterte er seinen drei Punkte Überlebensplan.
„Goldene Regel; Punkt eins: Wenn dich so ein Biest gepackt hat, machst du erst mal gar nichts!
Hinsetzen und Abwarten.
Wenn du nach fünf Minuten noch lebst, hast du schon mal gute Karten.
Punkt zwei: Du wartest weiter. Falls du nach neun Minuten immer noch lebst, kommst du durch. Falls nicht, hat sich Punkt drei erledigt.
Punkt drei: Du hast überlebt. Glück gehabt, freu dich.“
Danke Fred. Genauso werden wir es machen, falls uns eine erwischt.

Wie wir mit der Zeit feststellen konnten, hat Fred so ziemlich alles abgezogen: Autos vertickt, Sexfilmchen gedreht, Frauengeschichten unterschiedlichster Art, Termitenattacken und einiges mehr, als in der Kürze der Nacht zu vermitteln war. - Wir waren gerne seine Zuhörer und genossen jede Minute mit ihm.

Je kleiner das Feuer wurde, desto heller schienen die Sterne zu leuchten und unsere gemeinsamen Blicke flogen über den Himmel. Das war der Moment, als wir den „Dicken Fisch“ entdeckten. Eine Konstellation aus dem Sternbild des Orions, der für unsere europäischen Augen auf dem Kopf stand, ähnlich wie Fred nach seiner Ankunft.
Ganz klar, Schwanzflosse, Rückenflosse, Bauchflosse und Kopfspitze waren zu erkennen. Fred hatte eine Hightech Taschenlampe mit extremer Reichweite. Damit konnten wir, wie mit einem Zeigestock, bis tief in den Nachthimmel hineinleuchten, um uns so die gefundenen Bilder zu erklären.
Immer wieder, seit dieser Nacht mit Fred, taucht der „Dicke Fisch“ über unseren Köpfen am nächtlichen Himmel auf und zieht seine Bahn. Unser stetiger Begleiter.

Ein zunehmend stärker werdender Wind brachte uns am nächsten Morgen, vor Sonnenaufgang, dazu, das Zelt abzuschlagen, um den Weg Richtung „Lightning Ridge“ fortzusetzen. Fred schlief noch den Schlaf der Gerechten, leergeblubbert und bereit für die nächsten Kilometer in seinem alten Mercedes, als wir, mit seinen Geschichten in den Köpfen, bereits im Auto saßen, den Brief in der Tasche, und Richtung Outback losfuhren.
Viele Kilometer und viele Stunden später kamen wir zu der heißesten Tageszeit in „Lightning Ridge“ an. Die Hitze war lähmend und stechend. 42 Grad im Schatten. Die Information eines Einheimischen, dass der Sommer dieses Jahr ungewöhnlich mild war, rang uns nur ein müdes Lächeln ab. „Über fünfzig Grad sind in diesen Monaten keine Seltenheit“, ließ er uns wissen.
Wir schwitzten ohne Unterbrechung und hofften auf Informationen, die uns auf der Suche nach unseren beiden Adressaten, Ben und Tanja, weiterhelfen konnten.
Der Tankwart verwies uns an den Bowling Club. Doch auch dort kein Anhaltspunkt. Da kamen wir auf die Idee mit dem Postamt. Und tatsächlich, die Postbotin konnte sich an einen Ben mit seiner Frau Tanja erinnern. Dem nicht genug, kannte sie Bens Partner - Stephan.
Bingo!
Wir waren dran. „Ihr könnt im Supermarkt um die Ecke nach „Trich“ fragen“, ließ sie uns wissen, „sie ist Stephans Frau und wird Euch weiterhelfen.“

Dieser Weg blieb uns erspart, da wir in einem Opalgeschäft über der Straße, eine Freundin von Stephan und Trich trafen, die uns gleich telefonisch ankündigte. Auf einmal schien alles zu flutschen.
Stephan staunte nicht schlecht, als er uns öffnete. Hatte er doch ein etwas anderes Bild erwartet. Nicht das, in seiner Vorstellung entstandene, deutsche Pärchen fortgeschrittenen Alters stand vor seiner Tür, sondern zwei unrasierte, mit Cowboyhüten und Gitarren bestückte „Dicke Fische", mit einem Brief in der Hand, den er erfreut entgegen nahm.
Wie wir von ihm erfuhren, waren Ben und Tanja seit acht Jahren getrennt. Ben wohnte an der Küste, war wieder verheiratet und kam nur ab und zu in die Gegend.
Kurz dachten wir, unser Traum vom Wüstenabenteuer sei geplatzt.

Doch dann kam aus Stephans Mund der folgenschwere Satz: „Habt ihr Lust auf ein kühles Bier?" - Die Antwort, die zwischen unseren vertrockneten Lippen herausstaubte, hat er als „Ja" gedeutet. Wir traten ein und was folgen sollte, waren zwei Tage Party vom Feinsten.

05. März - Kleine Steine, große Steine - von Jürgen

Stephan hat kroatische Wurzeln und sein Haus bar bezahlt. Kein Wunder, er ist Bens Partner und einer der erfolgreichsten Minenbesitzer in Lightning Ridge.
In seinem Garten gab es einen Swimmingpool, einen Whirlpool, eine Outdoor Klimaanlage und einen Kühlschrank mit unerschöpflichem Biervorrat.
Seine Gastfreundschaft kannte keine Grenzen und unsere Spielfreude auch nicht. So lebten wir im ständigen Austausch von Musik und Emotionen, Bier und Opalen, Gesprächen und Spaß.
Wir erfuhren einiges über das Leben in der Wüste, über das Leben als Opalsucher und über die Größe dieses Landes.
Er erzählte uns zum Beispiel von einem Landbesitzer, der vom Eingang seines Grundstücks bis zu seinem Wohnhaus 65 Kilometer zurücklegen muss und seine Post mit einem Flugzeug bekommt.

Wir erfuhren wie Lightning Ridge durch einen tragischen Unfall zu seinem Namen gekommen war. Bei einem Gewitter, durch einen Blitzschlag - „Lightning" - wurde ein Schäfer samt seinen 400 Schafen und seinem Hund erschlagen. Das Ganze fand auf einer Art Hügel oder Bergkamm - „Ridge" - statt.
Stephan zeigte und schenkte uns drei Millionen Jahre alte Opalmuscheln aus seiner Mine. Er führte uns durch sein Haus, dessen Boden mit Opalen verziert war, die sich andere um den Hals hängen. Er holte Gläser aus seinem Schrank, in denen er die giftigsten Spinnen und Schlangen konserviert hatte. „Alle aus meinem Garten," sagte er stolz, „die meisten habe ich ertrunken im Pool gefunden", verriet er. „Wenn die zubeißen, hast du deinen Spaß!" Ich musste an Fred und seinen Sandfloh denken. Keine beruhigende Vorstellung. Hatten wir doch die Nacht über, wegen der unerträglichen Hitze, völlig ungeschützt, auf einem Stück Rasen im Garten, neben dem Pool geschlafen.

Tagsüber besuchten wir eine alte, stillgelegte Opalmine, die ihrem fleißigen Buddler kein Glück gebracht hatte.
Jahrelang hatte er beharrlich Felsbrocken, Erde und Staub, Eimer für Eimer, die steilen Treppen seiner Grube hoch geschleppt. Doch die einzigen kleinen, von ihm gefundenen Opale, die er in einer Zigarrenschachtel aufbewahrt hatte, wurden ihm kurz vor seinem Tod aus seinem

alten Wohnwagen gestohlen. Der Pechvogel wurde am Eingang seiner Mine begraben.
Schicksale in Lightning Ridge.

Nicht weit von dort entfernt entspringt aus einer Quelle jahrtausende altes Wasser, mit einer Temperatur von 41 Grad und wird in zwei Schwimmbecken gesammelt.
Die Erfahrung bei dieser Hitze in heißem Wasser zu baden, wollten wir uns nicht nehmen lassen. Der überraschende Effekt: Wir stiegen nach ein paar Minuten aus dem Nass und froren, trotz der Hitze der Luft, die uns sonst zum Kochen brachte.
Ja, für einen kurzen Moment, standen wir fröstelnd, mit Gänsehaut unter der Sonne der Wüste.

Baden zur Erfrischung wurde schnell unser Hobby. Die angenehme Kühle in Stephans Pool zog uns förmlich an. Diese Gedanken müssen sich irgendwie auf meine Gitarre übertragen haben. Bei einer spontanen Songeinlage im Wasser, suchte ich mit dem Fuß vergeblich nach einer nicht vorhandenen Treppe und tauchte samt Hut und Klampfe unter. Das war das erste Unterwassererlebnis meiner Gitarre. Beim Versuch, ihre Taufe als echte "Fische" Gitarre durch das Hochstrecken meiner Arme zu verhindern, entstand folgendes Bild: Auf der Wasseroberfläche schwamm mein Cowboyhut, über dem ich in meinen verkrampften Händen die Gitarre klammerte. Noch eine Sekunde bis zum völligen Abtauchen, dann war's geschehen. Gitarre auf Tauchstation.
Anjels schnelles Eingreifen verhinderte Schlimmeres. Wir schütteten schnell das Wasser aus dem Korpus und hätten sie am Liebsten ausgewrungen, was dann aber die Sonne für uns tat.
Trich bekochte uns, Stephan war für die Getränke zuständig.
Unsere Anwesenheit sprach sich schnell herum, und an unserem zweiten Abend trafen wie aus dem Nichts Freunde, Bekannte und Kollegen unserer Gastgeber ein, um mit uns zu feiern, zu singen oder einfach nur zu lauschen.
Als wir nach zwei Übernachtungen am Morgen die Heimreise antraten, waren wir geliebt und beschenkt worden. Stephan hatte es sich nicht nehmen lassen, uns zum Abschied, als Dank für die Energie, die wir in sein Haus brachten, jedem zwei kleine, aber nicht unbedeutende Steine zu schenken. Echte Opale aus Lightning Ridge.

Die Fahrt zurück Richtung Küste unterbrachen wir nach einigen hundert Kilometern bei den „Cranky Rocks“. Eine Landschaft aus natürlich übereinander gestapelten, runden Riesensteinen.
Stephan hatte uns von den Rocks erzählt und unsere Erwartungen an die von ihm geschilderte Landschaft war hoch.
Der Anblick, der uns dort erwartete, übertraf allerdings weit unsere Vorstellungskraft.
Riesige Steine, Felsen, über Jahrtausende von der Kraft des Wassers rund und glatt geschliffen, lagen da und schienen auf uns zu warten.
Wir verbrachten eine Nacht auf dem Campground der Cranky Rocks. Lagerfeuer, Gitarrenmusik, Rotwein, gutes Essen und gute Gespräche über die kleinen Steine aus der Wüste und die großen Steine der Cranky Rocks.

Kapitel 11

Der Stoff aus dem die Erinnerungen sind

06. März - Die Menschen, die uns „treffen"... - von Anjel

Auf dem Heimweg aus der Wüste Richtung Genbunda, unserer geliebten Hippiekommune, machen wir, auf Empfehlung unserer Freunde einen Übernachtungsstopp bei einem netten Deutschen namens Peter.
Er ist der Gründer einer kleinen Kommune namens "Morning star", wurde uns erzählt.
“Morning star” liegt mitten im Wald, und die nächste Hauptstraße liegt 10.038 Meter entfernt. Mehr als zehn Kilometer schmale, enge und provisorische Waldstraßen trennen diese Kommune von der Außenwelt.
Peter kommt aus dem Sauerland und lebt seit über zwanzig Jahren in Australien. Man nennt ihn hier Pete und er baut Häuser. Er baut besondere Häuser, auf eine besondere Art und Weise, denn er liebt die Natur von ganzem Herzen.
Seine Vorgehensweise beim Bauen ist sehr originell und man könnte sie auch naturliebend nennen.
Pete sucht zu allererst nach dem Baumaterial im Wald, aber nicht so wie es üblich ist. Er sägt nichts ab, er verwendet nichts, was noch wächst bzw. lebt.
Benutzt wird nur, was der Wald (besser gesagt: das staatliche Forstamt bei Waldarbeiten) liegen lässt und zum Abräumen frei gibt. Er hilft dabei, den Wald sauber zu halten und die Belohnung aus dem Universum kommt verdienterweise in Form von kostenlosem Baumaterial prompt zu ihm zurück.
Pete hat eine kreative Ader. Er kann auf Anhieb erkennen, welches Stück Holz zu welcher Verwendung geeignet ist. Außerdem ist er handwerklich so begabt, dass etwas, das nicht passt, von ihm im Handumdrehen passend gemacht wird. Er lässt sich auch gerne vom Design der Baumstämme inspirieren und zu fantasievollen Kreationen verführen.

Erinnerst Du Dich an meine Begeisterung über den Architekten von manchen Häusern in Genbunda?
Ich hätte ihn damals aus lauter Euphorie über seine Fantasie am Liebsten umarmt, aber er war in jenem Moment nicht greifbar.
Jetzt steht er leibhaftig vor mir und jetzt kann ich es tun - den Pete in die Arme nehmen - er ist nämlich jener Architekt.
Der gute Mann kreierte und erbaute dort die schönsten und originellsten Häuser. Sogar der für uns so "magnetisierend" wirkende Meditationsraum ist sein architektonisches und bauliches Meisterwerk.
Er meditiert täglich und hat vielleicht auch deswegen soviel Energie, Herz, Zeit, und Know how hineingesteckt.
Pete ist ein körperlich kräftig gebauter Mann, und seine Vorstellungskraft muss mindestens genauso kraftvoll sein.
Seine Häuser kommen, dank einer ausgeklügelten Bautechnik, ganz ohne umweltfeindliche und Strom fressende Klimaanlagen aus.
Er baut die Häuser in der richtigen Position zur Sonne, das heißt, die Sonnenenergie wird optimal genutzt.
Er berücksichtigt beim Positionieren der Fenster die Stellung der Sonne im Tagesablauf im Zusammenhang mit der Position der Fenster. Er achtet auf die richtige Auswahl der Materialien und verwendet Klappen und natürliche Luftschleusen.
Dank dem Zauberer Pete und der Kraft der Sonne (beide in ihrem Geben so großzügig) freuen sich die Besitzer lange über das umweltfreundliche "Pete-Haus".
Im Sommer speichert man die Kühle der Nacht und im Winter lässt man die Wärme der Sonne wirken.
Er bezeichnet diese Isolierung und "Sonnenlageberücksichtigungstechnik" als eine passive Klimaanlage, die vollkommen ohne Energiezufuhr auskommt. (Vielleicht erscheint es Dir gerade nicht besonders spektakulär, was ich hier zu beschreiben versuche. Du würdest, aber ganz anders darüber denken, wenn Du mit hiesigem Klima vertraut wärst. Wir kommen gerade zurück aus der Wüste. Ich kann Dir jetzt einiges über die Kraft der Sonne erzählen, aber ich lasse es lieber - es könnte den Rahmen **"sprengen"**, und ich bin leicht pazifistisch angehaucht, lärmempfindlich und außerdem will ich den Faden nicht verlieren...)

Erwin Thoma baut interessante Holzhäuser einer anderen Art in Österreich, Deutschland und Japan, und ich wünsche mir - Pete und Erwin würden sich kennen.

Erwin Thoma verfasste ein Buch, in dem er auch folgende Gedanken niederschrieb: „Einen Baum pflegen und lieben heißt, das Leben pflegen und lieben.
Wer am Wald Raubbau treibt, wer Holz vergiftet, der tut der Natur Gewalt an. Gewalt gegen die Natur heißt, Gewalt gegen das Leben.
Wer gegen das Leben Gewalt anwendet, lenkt diese Zerstörung auch gegen sich selbst.“
Alles Gedanken, die voll im Sinne von Pete sind und die auch von ihm selbst stammen könnten.

Als Gesprächspartner ist Pete sehr inspirierend, faszinierend und fesselnd. Seine Aufgeschlossenheit und seine Direktheit machen ihn so inspirationspendend.
Wenn ich ihn nur mit einem kurzen Satz beschreiben wollte, würde ich ihn als einen “Lebenskünstler und Philosophen, der umweltfreundliche und fantasievolle Häuser baut” bezeichnen.
Wir haben ihn schon nach wenigen Sekunden in unsere Herzen geschlossen.
Schwubbdiwub war er drin, und da wird er auch eine lange Zeit bleiben.
Ja, die Menschen, die uns treffen...
Menschen, die uns direkt ins Herz treffen.

In der Genbunda haben wir einmal ein Foto von ihm gesehen, ohne dass wir wussten um wen es sich handelt. Kurz nach der jetzigen Vorstellung erschien uns dieses Bild wieder vor den Augen. Auf dem Foto war ein Mann bei der Arbeit an einer Holzkonstruktion zu sehen. Der kräftige Mann war splitternackt, nur mit einem Hut bekleidet und mit einem Arbeitsgürtel ausgerüstet, in dem die Nägel und der Zimmermannshammer hingen. Dieser Mann von dem Foto stand jetzt vor uns.
Schon wieder eine "Begegnung in nackt".
Er stellt sich vor und bemerkt, was für einen wunderschönen Tag wir gerade alle miteinander an diesem herrlichen Platz erleben und heißt uns herzlich willkommen in seinem Zuhause. Den Kühlschrank sollen wir betrachten, als ob er uns gehören würde.
„Ich habe schon Einiges über euch gehört”, sagt er später.
Wie klein doch die Welt ist - auch auf dieser großen Insel.
Genbunda liegt 80 km Luftlinie entfernt, was über die abenteuerlichen Waldstraßen mindestens das Doppelte ausmacht, dazwischen nur

Wälder, aber die Buschtrommeln funktionieren perfekt.
"Über Musik und Musiker spricht man gerne", scherzt er.
Wir waren sozusagen in Berührung, ohne uns je berührt zu haben, ohne uns je persönlich begegnet zu sein...
Schon in Genbunda sahen und bewunderten wir seine Bauwerke (und ein nacktes Foto von ihm) ohne zu wissen, dass all das mit ihm verbunden ist, und er hört über Dicke Fische, die gerade dort für Furore sorgen.
Wir sind uns bereits begegnet bevor wir uns trafen...

Pete, der Gründer der kleinen Kommune lebt gerne hier, wo nur sechs private und zwei gemeinsam genutzte Häuser existieren.
Platz zum Abwinken. Ruhe und Natur pur.
Mit Abstand betrachtet er das Leben in Deutschland und empfindet es als einen Tick zu hektisch, zu sehr leistungsorientiert, zu teuer und zu stressig.
Mit seiner ausgeglichenen, gelassenen und nachdenklichen Art wirkt er auf mich beruhigend.
Pete lebt gern in diesem Wald, in diesen Bedingungen, in dieser herrlichen Einfachheit, und wir können das gut nachvollziehen.
Er schüttelt leicht den Kopf, wenn er über die "Überversicherungsmanie" in Deutschland laut nachdenkt.
"Oft ist man in Deutschland so überlappend versichert, dass es eigentlich strafbar sein müsste und beinahe als Versicherungsbetrug gelten dürfte.
Solange aber das Geld Richtung Versicherungen fließt, ist alles in Butter", erzählt er mit ruhiger, ausgeglichener und wohlklingender Stimme weiter.
Mir wird in diesem Moment die spezielle Kombination zwischen Inhalt und Form seiner Aussagen bewusst. Eine ganz besondere Kombination.
"Kritisch könnte es erst werden, wenn wirklich ein Versicherungsfall eintritt und man als Betrüger deklariert werden kann, weil man mehrfach gegen das Gleiche versichert ist.
...Sogar eine Ehe ist eine Art Versicherung gegen den Zerfall einer Beziehung. Kann man so etwas wirklich im Voraus verhindern?"
Eine vollkommen nutzlose Versicherung, wie wir oft merken.
Es könnte so viele glückliche Menschen geben, wenn sie ihre ganze Energie nicht mit dem "Versichern gegen das Unglück" verschwenden würden...
Als ob der Standesbeamte, der uns zum aller ersten Mal im Leben sieht, oder ein Pfarrer, dem man das Heiraten verboten hat, (und der Dich ge-

rade unter die Haube zu bekommen versucht) irgendwas im Voraus fixieren könnte, was unvorhersehbar ist.
Als ob ein Standesbeamter einem breiten und lebendigen Fluss per notariell beglaubigter Urkunde befehlen könnte: Ab sofort wirst Du stehen bleiben! Jegliches Fließen ist ab sofort untersagt!
Entwicklungen in jegliche Richtung sind verboten!
...und irgendwann zum Schluss noch: "Bis dass der Tod euch scheidet"...
Salopp ausgedrückt; "bis der Sargdeckel zwischen euch kommt und euch auf die einzige legale Art und Weise trennt...
Erkennen wir wirklich nicht, wie grotesk das überhaupt ist?"
Ich denke nach...

Natürlich gibt es Ausnahmen, die trotz der Ehe die Liebe und nicht das Sicherheitsdenken überleben lassen.
Ja, das sind die Ausnahmen, die Hoffnung machen...
Ich wünsche mir mehr Ausnahmen...
Ich wünsche allen Ehen, sie mögen versuchen, dieser Ausnahme anzugehören...
...und ich wünsche mir noch, dass die Ausnahme zur Regel wird und die Regel zur Ausnahme!

"Hier in Australien läuft alles ein bisschen gelassener, hier lassen sich die Menschen nicht so schnell auf die Palme bringen", erzählt Pete.
"Viele von uns laufen in Europa wie aufgescheuchte Hühner herum.
Aufgescheucht vom eigenen Chef, der eigentlich besser ein Freund sein müsste, wenn er wirklich ein übermäßiges Engagement von Dir erwartet.
Aufgescheucht vom eigenen Fernseher, für den Du die monatlichen Gebühren abdrücken musst, damit er Dich weiterhin mit Zukunftsangst versorgt.
Aufgescheucht von der eigenen Versicherung, die schon wieder den Beitrag erhöht hat, für Leistungen, die Du niemals in Anspruch nehmen wirst"...
Ja, ausgerechnet von der eigenen Versicherungsanstalt, also einem Angstdealer - so zuverlässig verunsichert"...
Er verstummte für einen Moment.
Dann fragte er: "Was hältst Du eigentlich von diesen Geschäften mit der Angst?"
Es dauerte nur einen Bruchteil einer Sekunde, bis mir ein Gedanke in den Kopf schoss: "Es könnten so viele Menschen reich sein, wenn sie nicht so perfekt gegen die Armut versichert wären.

Ja, das ganze Geld, mit dem sie sich ein wenig Luxus leisten könnten, geht beim Berappen der Beiträge drauf."
Wir verstummten für einen Augenblick, der lang genug war um darüber nachzudenken, was ich gerade sagte und dann fügte Pete noch hinzu: „...und weit und breit kein Hauch von Courage, etwas zu ändern... Eingeschüchtert, in die Ecke getrieben, mit billigem Schnaps versorgt, der angeblich keine Droge ist - im Vergleich zu einer natürlichen Pflanze wie Hanf - und dort gelassen bis der Gerichtsvollzieher oder ein anderer, staatlich anerkannter Mäzen vor Deiner Tür auftaucht..."

Menschen, die wir treffen.
Menschen und Gedanken, die uns „treffen".

07. März - Eine besondere Schwingung... - von Anjel

Eine besondere Schwingung ist deutlich spürbar an diesem Ort hier, aber wir alle neigen dazu, nur an Dinge zu glauben, die sichtbar oder messbar sind, zumindest geht die Wissenschaft davon aus.
Was ist mit den anderen Dingen?
Existieren sie wirklich nicht?
Nur, weil wir sie nicht messen, hören oder sehen können?
Was ist mit unterschiedlichen Energien an verschiedenen Orten?
Was ist mit der Liebe?
Nach der wissenschaftlichen Definition dürfte es sie also nicht geben.
Ich glaube trotzdem an die Liebe.
Bin ich deswegen ein Spinner, ein der realen Welt entflohener Freak?
Einer, mit dem die Fantasie durchgeht?
Was ist mit den Träumen?
Gibt es sie nicht, nur weil sie nicht messbar und fassbar sind?
Es gibt sie ganz sicher, genauso wie es die Liebe gibt, behaupte ich!
Die Tatsache, dass man etwas nicht beweisen kann, bedeutet nicht, dass es nicht existiert.
Die Wissenschaftler sagen: „In jeder einzelnen Zelle befindet sich die komplette Information über den gesamten Organismus".
Und ich spinne weiter: Wenn wir eine Zelle des Universums sind, oder wenn sich mindestens eine Zelle des Universums in uns befindet (was zu

100% zutrifft), muss sich also die komplette Erbinformation über das gesamte Universum auch in uns befinden.
Anders ausgedrückt - das ganze Universum ist längst in uns.
Das ist meine Theorie!
Kannst Du mir widersprechen?
Wir müssen nicht da draußen, im tiefsten All nach Antworten suchen, sondern in uns selbst.
Begreife Dich selbst und Du wirst die Welt begreifen.
Mahlzeit!

08. März - Ist es nicht ver- rückt? - von Anjel

Wir sind happy, wir fühlen uns wie Zuhause und jeder Reisende ist immer gerade so glücklich, wie er sich zu sein entschließt.
...und Reisende sind wir hier irgendwie alle.
Ist es nicht ver-rückt, tausende von Kilometern zu reisen und auf der Suche nach einem „Zuhause ähnlichen Zustand" zu sein?
Man verlässt das Zuhause um „es" suchen zu gehen.
Der Versuch ist erfolgreich, wenn wir in der Ferne begreifen, dass das Zuhause überall sein kann - sogar ganz genau da wo es ist, oder bis jetzt war, wenn wir nur in uns selbst Zuhause sind.
Wenn wir in unserem „inneren Wohnzimmer" daheim sind, sind wir überall Zuhause, wo immer wir auch sein mögen.
Manchmal leben wir aber nun mal - ohne wirklich in uns selbst Zuhause zu sein.
Zum Glück gibt es Freunde, die man liebt und die einem das Gefühl schenken - geliebt zu sein.
Wenn wir in der Lage sind zu erkennen, dass die Güte und Größe in der Einfachheit und nicht im materiellen Reichtum liegen, dann sind wir unserem wahren Zuhause wirklich ein Stückchen näher gekommen.

Einer der beliebtesten Songs hier bei den Hippies ist unser „Heaven is feeling love".
Vielleicht auch, weil der Text das Thema Freundschaft, inneres Zuhause, Alleinsein, das Geben und Nehmen, als einen Teil unseres Weges anspricht.

Heaven is feeling love

When you're feelin' down
Down on the ground
And no one is here
To dry your tear

You feel so done
Alone on your own
And no one is here
To kiss away your tear

Heaven is feelin' love
Heaven is feelin' love
Lift our souls all above
Heaven is feelin' love
Glide in the sky like a dove
Heaven is givin' love

You feel alone
Between all these ones
And no one is here
To drive away your fear

You're feelin' high
So high that you wanna cry
But nobody is here boy
To share your tears of joy

Heaven is feelin' love
Heaven is feelin' love
Lift our souls all above
Heaven is feelin' love
Glide in the sky like a dove
Heaven is givin' love

So, give love, give love, give love...

Liebe ist Glück und Glück ist ein Teil der Liebe.
Glück ist auch - die Liebe in sich zu spüren...
Die Gipfelerlebnisse sind innere Erlebnisse.
Momente des körperlosen Glücks sind es, die das Leben verändern und ihm eine neue Richtung bescheren können.
Das Glück kann jeder einzelne von uns nur innerlich erleben.
Mich machen die wahren Glücksmomente eher stumm und still staunend.
Sie machen mich sprachlos und nicht schreiend.
Sie erzeugen eine Wärme, irgendwo tief in meiner Brust.
Kennst Du dieses Gefühl?

Die zufälligen Augenblicke vollendeter Zufriedenheit können mehr erwärmen, als ein Sommer voller Sonne.
Es ist nicht die Sonne und auch nicht der australische Sommer, es ist auch nichts Materielles was uns bereichert.
Es sind Begegnungen und Berührungen mit Menschen und ihren Gedanken, die uns so glücklich machen.

09. März - Hineinadoptiert ins Land der Träume - von Anjel

Wir beschäftigen uns mit der Suche nach den Wurzeln der Kultur dieses Kontinents und versuchen zu begreifen wie es hier vor Ankunft der Missionare war. Wir erfahren viel Interessantes und Überraschendes…
Schätzungsweise 300.000 Aborigines lebten in ganz Australien, als die ersten britischen Siedler im Jahr 1788 landeten, um eine Sträflingskolonie zu errichten.
Die Lebensweise der Aborigines erstaunte die Weißen, da die Urbewohner in völliger Harmonie mit dem Land und seinen Tieren lebten und glaubten, dass niemand über privaten Landbesitz verfügen könne.
Die Aborigines haben eine andere Sichtweise und natürlich auch eine andere Kultur.
Für den Aborigine ist das gesamte Universum von Leben erfüllt - es ist eine lebendige, atmende Biomasse, die sich in Familien aufgeteilt hat.
So gibt es Familien von Sternen, von Bäumen und von Tieren, und sie alle sind mit den menschlichen Familien verbunden.

Diese Lebensweise ist insofern spirituell, als eine Verknüpfung, eine Wechselbeziehung mit jeglicher Daseinsform besteht. Wobei sich das Dasein von den physischen Bereichen bis zu den spirituellen erstreckt. Das Träumen könnte man auch zu den spirituellen Bereichen einordnen. Das Träumen ist ein kontinuierlicher Schöpfungsprozess, der in jenem lange zurückliegenden Zeitabschnitt begonnen hat, der als „Traumzeit“ bezeichnet wird. Es war die Zeit, als die physischen Merkmale des Landes von schöpferischen Wesen geformt wurden, die weder Menschen noch Tiere waren, sondern die Attribute von beiden besaßen.
Den Taten dieser Urahnen war es letztendlich zu verdanken, dass sich Flora und Fauna einschließlich des Menschengeschlechts entwickeln konnten.
Während der Traumzeit wurde - laut Legende - die Erde geschaffen.
Der Glaube an die Traumzeit ist die Lebensbasis der Ureinwohner.
Die Aboriginal-Stämme führen ihren Ursprung auf die gleichen Ahnen zurück.
Jeder Baum, Strauch oder Felsen ist für die Aborigines ein Teil ihrer Identität. Sie sehen sich und das Land ihrer Vorfahren als eine organische Einheit.
Aus diesem Grund war es für sie unvorstellbar, Land zu besitzen, zu kaufen oder zu verkaufen.
Heilige Stätten entstanden dort, wo bestimmte Handlungen vollzogen wurden und wo die Ahnen einen Teil ihrer Energie zurückließen, die in der Gegenwart durch Riten und Zeremonien wiedererweckt werden können, um sicherzustellen, dass die Arten der Schöpfung weiterhin blühen.

Es waren also wieder Stätten mit besonderen Schwingungen und Energien, die es rein wissenschaftlich gar nicht geben kann.
Aborigines wussten nichts über unsere heutige Wissenschaft, sie haben sich nur auf ihr Gefühl und ihre Tradition verlassen und das Überleben in und mit der Natur hat funktioniert.

Die Ahnen klügelten oftmals komplizierte und formale Verwandschaftssysteme aus, dem alle Arten der Schöpfung angehören.
Diese Ordnung hat in vielen Aboriginal-Gemeinschaften bis zum heutigen Tag überlebt. Sie war und ist niemals ausschließlich, daher können Außenstehende in die Struktur integriert, besser gesagt, hineinadoptiert werden. Damit wird ihnen ein Platz, sowie eine Familienbezeichnung mit den dazugehörigen Rechten und Pflichten zugewiesen.

So wurden beispielsweise vor der Ankunft der Briten manche Menschen aus Indonesien, welche die nördliche Küste Australiens besuchten, in das Verwandschaftssystem einbezogen.
Als die britischen Siedler eintrafen, wurden diejenigen, die freundschaftliche Beziehungen herstellten, ebenfalls in die Familienverbände aufgenommen.

Der australische Professor Mudrooroo beschäftigt sich seit Jahren mit der Suche nach den australischen Wurzeln und lehrt die Kultur der Aborigines an mehreren hiesigen Universitäten. Getrieben von seiner eigenen Neugierde hört er nicht auf, diese Kultur und diese Menschen zu entdecken und stellt uns allen sein Wissen zur Verfügung.
Man kann viel von ihm lernen und sich dann selbst fragen: Wann fangen wir an, unsere Träume zu leben? Oder sind wir mitten drin, ohne es zu wissen?
Das, was gerade in uns und um uns herum passiert, ist unser wahres Leben, und das verschwenden wir oft mit Warten auf „bessere Zeiten".
Dabei sind die besseren Zeiten schon längst da. Wir stecken sozusagen mitten drin, wir müssen es nur noch erkennen...
Ich wünsche uns allen viel Freude dabei!!!

John Lennon sang einmal: *„Life is what happens to you, while you are busy making other plans."*
Damit hat er den Nagel auf den Kopf getroffen!
Es gibt Lieder, die einem mehr geben können, als ein Semester an der Uni, oder ein ganzes Jahr in der Schule, die Du vielleicht nur Deinen Eltern zuliebe besuchst...

Ich habe heute Geburtstag und an einem solchen Tag spürt man manchmal eine innere, feierliche Stimmung und man darf sich etwas wünschen.
Es ist schön, aber manchmal auch schwer, Wünsche zu formulieren.
Heute fällt es mir besonders leicht, einen Wunsch auszusprechen; ich wünsche mir, dass es uns Fischen eines Tages gelingt, jemanden dabei zu helfen, ein Semester oder gar ein ganzes Schuljahr mit einem unserer Songs zu überfliegen (womit wir ihm auch gleichzeitig die lästige morgendliche Aufsteherei ersparen, sowie die ewige Suche nach einem Parkplatz).

Ich wünsche uns allen auch viel Freude dabei zu erkennen, dass das „Glücklich sein“ nur mit dem inneren und keineswegs mit dem äußeren Reichtum zu tun hat.
Ich wünsche uns allen den inneren Reichtum an Ideen und Erkenntnissen.

Gute Musik entsteht aus Ideen, die uns die Muse zuflüstert, und gute Texte bestehen aus interessanten Erkenntnissen.
Die Musik bewegt uns…

Die Musik bewegt die Welt.

10. März - Sommerwind - von Anjel

Ich merke, dass ich einen Tag nach meinem Geburtstag ein wenig melancholisch werde.
Sehnsucht nach meiner Freundin macht sich in mir breit…
Ich feierte ohne sie und träumte heute Nacht wieder von ihr…
…und sie fehlt mir jetzt wie einem Fisch das Wasser.
Ich vermisse sie wie ein Alkoholiker den Alkohol und auf einmal entdecke ich sie in allem was mir begegnet.
Ich erkenne sie in allem was mich umgibt…
Sogar im Wind erkenne ich sie - meine Liebe, die tausende Kilometer von mir entfernt an mich denkt - genauso wie ich an sie…
Sie ist mit mir verbunden.
…vielleicht „durch“ den Wind?
Ich spüre ihre Ängste und ihr inneres Kind…
Ich spüre die Zerbrechlichkeit, die über jedem Wesen und jeder Beziehung schwebt…
…nur dem Wind ist es vielleicht zu verdanken, dass sich die Zerbrechlichkeit nicht auf uns niederlässt und Besitz von uns ergreift, uns vereinnahmt…
Uns unter den hunderttausenden von Scherbenteilchen unserer zerbrochenen Hoffnung (wie bei zersplittertem Verbundglas) begräbt und einklemmt...
Der Wind kühlt uns ab und erlaubt nicht, dass wir vor Sehnsucht verglühen - wie eine Sternschnuppe, die sich nach nichts anderem sehnt als danach, die Erde zu berühren.

Vielleicht verbrennt die Sternschnuppe aus lauter Sehnsucht?
Meine Freundin schläft in Deutschland und ihre Träume machen Urlaub in meiner Seele.
Ihre Gedanken - getragen auf den leisen Flügeln des Windes - berühren meinen Geist, besuchen meinen Kopf, in dem meine Gedanken wohnen.

Ich spüre ihre Sehnsucht und ihre unsichtbaren Hände, die mich umarmen…

Sommerwind

Sommerwind in meinem Haar
Du bist so weit, Du bist ganz nah

Sommerwind, warmer Sommerwind
Das wilde Kind, das süße Kind

Sommerwind im Januar
Bin liebeskrank - unheilbar

Du bist der Sommerwind, warmer Sommerwind
Du bist das wilde Kind, das süße Kind
Jetzt bist Du der Sommerwind, der mich in die Arme nimmt
Bis ich Dich wieder find‘ in diesem Labyrinth
In dem wir alle sind

Du bist das Sommerkind, dem die Zeit entrinnt
Du bist ein Wirbelwind im Labyrinth
Du bist das Sommerkind, das dem Sommer entrinnt
Du bist der Wirbelwind im Labyrinth
In dem wir alle sind

Du armes Kind, Du schönes Kind, Du Sommerwind…

Aus der Sehnsucht geboren, verschmilzt die Musik mit der Unvollständigkeit der Worte zur Einheit meiner Gefühle.
…und der Sommerwind trägt den Duft der Blumen von den warmen Hügeln zu mir.
Er steigt aus der weiten Wüste und aus dem tiefen Meer.

Eine zärtlich neckende, warme Brise, die uns mit ihren unsichtbaren Armen umhüllt und unsere Seufzer in alle Himmelsrichtungen zerstreut.

Die Liebe streichelt meine Sinne und füllt meine Träume mit ihrer selbst.
Sie öffnet ihre Flügel und in meiner Fantasie fliege ich dem warmen Licht ihrer Augen entgegen…

11. März - Dicke Fische im Knast - von Anjel

Als wir über diese große Insel, die gleichzeitig der kleinste Kontinent ist, geflogen sind, wurden uns die Dimensionen und Entfernungen, die auf der Landkarte nur ein paar Zentimeter auseinander liegen, bewusst.
In einem so großen Land und so weit weg von unserem Zuhause, relativieren sich manche Größen von alleine und man entdeckt in den eigenen Erinnerungen einen Mikrokosmos, den man bis dato für einen Makrokosmos gehalten hat.
Dabei denke ich gerade an unseren Auftritt in einem relativ großen Gefängnis in Deutschland. Ich vergleiche es mit dem Kontinent Australien, welcher als "Mega-Gefängnis" der britischen Krone vorgesehen war...
Was für ein "Giga-Irrsinn"!
Wir bestaunen die australischen Dimensionen.
Solche Weiten, so viel Raum.
Wer viel Platz hat, der hat auch das Gefühl, mehr Zeit zu haben, obwohl man auch hier sagt: "Zeit hat man nicht - Zeit muss man sich nehmen".
Wir nehmen uns endlich Zeit über das vergangene Jahr zu reden. Über die vielen Auftritte, die kurzen Nächte und die rasende Geschwindigkeit der Zeit…
Wir nehmen uns Zeit über unsere "CRAZY GIGS" zu reden und uns an unsere Vorliebe zu erinnern - an außergewöhnlichen Orten zu spielen.
Die längst versunken geglaubten Erinnerungen tauchen auf.
Erinnerungen an die Auftritte in alten Schlössern, auf Lastwagenanhängern, in Kindergärten, bei Sommerfesten, Gartenpartys, Poolpartys, Geburtstagsfeiern, auf einem Flugzeugflügel, auf einem Boot, bei Arbeitsstreiks, Taufen, Beerdigungen, in Saunen, auf Marktplätzen, Galas, Sommerlagern, in Sonnenstudios, Biergärten und Fabrikhallen.

Jeder von diesen Gigs wäre ein Kapitel wert, das aber würde den Rahmen dieses Buches sprengen. Was ich mir aber nicht verkneifen kann, ist über den Auftritt im Gefängnis zu erzählen, denn auch das gehört zum Stoff aus dem die Erinnerungen sind.

Der "Knast" faszinierte mich schon immer ganz besonders - und zwar nicht nur als Auftrittsort.
Filme wie Papillon, Ausbruch aus Alcatraz und die alten französischen Knastfilme beeindruckten mich sehr und ließen mich noch Tage danach wie elektrisiert zurück.
Wenn ich meinen Freunden über die Faszination Knast erzählte, sah ich oft nur mitleidige Fragezeichen in ihren Augen.

Irgendetwas hat mich schon seit langem in den Knast gezogen.
Mit fünfundzwanzig versuchte ich einem Bekannten, der bei der Kripo war, meine "Sehnsucht nach dem Knast" zu erklären.
Ich habe ihm erläutert wie wichtig es mir ist eingebuchtet zu werden. Ich fragte ihn, ob irgendeine Möglichkeit bestehen würde - meinen Urlaub im Knast zu verbringen.
Ich war bereit Geld auszugeben um diese Gefühle am eigenen Leibe zu erfahren.
Um das Gefühl "ENTLASSEN ZU WERDEN" zu erleben, war ich bereit mehr Kohle auszugeben als für einen nullachtfünfzehn Pauschalurlaub irgendwo in Ballermanien, wo man Sangria aus den Eimern trinken muss, ob man will oder nicht, wenn man nicht als "Spaßbremse" gelten will.

Meine Vorstellung war klar: Ich sitze in einer Einzelzelle ohne Fernsehen und ohne Telefon, vollkommen ungestört und unabgelenkt horche ich in mich hinein. Ich schreibe ein Buch, in dem es um die Gefühle eingesperrt zu sein geht und über Themen, die einem nur in dieser Situation und dieser absoluten Ungestörtheit einfallen können.
Vor meinem inneren Auge sah ich mich, wie ich Songs schreibe, die aus meinem tiefsten Inneren zu mir finden wollen...
Ich sah mich, wie ich in diesem Selbstversuch überprüfe, ob es wirklich stimmt, dass jeder Mensch genauso glücklich ist, wie er sich zu sein entschließt.

Von meinem Kripobekannten bekam ich leider nur einen nutzlosen und ironisch gemeinten Rat: "Da musst du nur etwas Dummes anstellen und so schnell kannst du gar nicht gucken wie du drin bist."

Er hatte mir nicht richtig zugehört. Vielleicht habe ich mich in meinem begeisterten Erzählrausch nicht richtig artikuliert. Vielleicht war aber auch noch viel mehr in meinem Unterbewussten, das mich in den Knast zog als ich aussprechen konnte.

Ein Grund mehr, alles Notwendige zu unternehmen, um in ein Gefängnis "einzubrechen".
Es war nicht leicht, viele Monate sind vergangen, aber ich habe es nie ganz aus dem Sinn verloren.
Erst Jahre später ist es mir mit Hilfe von Freunden gelungen einen Gig mit den DICKEN FISCHEN in einem Gefängnis zu bekommen.

Endlich war es soweit...
Durch mehrere Schleusen und Tore hindurch und nach mehreren Kontrollen gelangten wir zu einem Gebäude, in dem sich ein Gemeinschaftsraum mit einer Bühne befand.
Wir bauten die Anlage auf und auf die Frage, wann wir anfangen würden, sagte einer von uns ganz locker: "So in etwa fünf Minuten."
"O.K.", lautete die Stimme des Wärters.
"In exakt sechseinhalb Minuten lassen wir die Gefangenen rein."
"Hier zählt man die Sekunden ganz genau", flüsterte ich leise in Jürgens Ohr.
Sekundengenauer Zeitplan…
Fünf Musikerminuten hießen hier hinter Gittern exakt 6,5 Minuten.
Der Beamte schaute ein paar Mal auf seine Armbanduhr und ich merkte ihm eine leichte Nervosität an.
Dann sein letzter fragender Blick zu uns, Richtung Bühne, und die breiten Flügeltüren gingen auf.
In Zweierreihen wurden die Gefangenen hereingelassen, die diszipliniert auf den vorbereiteten Stühlen Platz nahmen.
Ohne zu drängeln, ohne zu zögern besetzten sie alle Plätze, immer schön der Reihe nach.
Stuhl um Stuhl, Reihe für Reihe.
Kein Platz zu viel, keiner zu wenig.
Innerhalb von Sekunden war alles geregelt.
Die Tür ging zu und wir schauten uns das besondere Publikum an.
Abweisende Gesichter, abweisende Körperhaltung, verschränkte, tätowierte Arme und feindselige Blicke aus den unbequemen Stühlen…

Wir schauten in die Gesichter und versuchten die von unten herauf gerichteten, taxierenden Blicke zu deuten.
Welches Lied könnte jetzt passen?
Wir entschieden uns intuitiv für "Wish you were here" von Pink Floyd, einen Song mit dem wir noch nie ein Konzert begonnen haben, der uns aber von der Aussage und Stimmung gerade prädestiniert erschien.
Die ersten Gitarrentöne lassen in sekundenschnelle das Stück erkennen.
"Was für eine geniale Melodie-Linie", dachte ich und versuchte, mich in die Musik fallen zu lassen und in den Tönen zu versinken.
Der erste Akkord erklang und man spürte die elektrisierende Luft im Raum.
Der Saal wurde mit Tönen gefüllt, die eine Wolke bildeten in der wir alle saßen und wie durch unsichtbare Hände miteinander verbunden waren.
Die Gefangenen, die Wärter und wir.
Gänsehaut an allen Fronten.
Der erste Song erklang und die Stimmung im Saal hat sich komplett geändert.
Arme und Augen gingen auf, mehr als 400 glänzende Augen schauten uns jetzt anders an.
Viele Lippen flüsterten und summten den gesamten Text mit mir.
Ich mache ganz selten Ansagen, aber diesmal wollte eine, plötzlich und für mich selbst überraschend, unbedingt aus mir heraus:
"Guten Abend allerseits, wir sind Dicke Fische, eure Band für heute Abend.
Wir haben von da draußen Gitarren voller Musik für euch mitgebracht…
Irgendeine Kraft hat mich ständig in einen Knast gezogen und ich erkenne gerade, dass diese Kraft die Angst war.
Mein Vater hat mir eingetrichtert; berühre das, was dir Angst macht! Nur so kannst du sie besiegen.
…und ich erkenne gerade, dass diese Kraft, die mich hierher gezerrt hat, die Angst vor dem Knast war, sowie die Lust, sie endlich zu besiegen.
Ich habe keine Muffe und keinen Schiss mehr, denn ich habe den Knast und euch in ihm berührt.
Danke, dass ihr es zugelassen habt."
Absolute Stille, während es in den Köpfen ratterte…
"Kippt die Stimmung jetzt wieder um?", schoss es mir durch den Kopf.
Die Männer schienen leicht reizbar zu sein.

Ich wusste nicht, was ich noch hinzufügen sollte und ob mir irgendeiner im Saal überhaupt folgen wollte.
Ich fühlte mich irgendwie schuldig.
Die Männer spürten meine Unsicherheit, aber auch meine Offenheit.
Die bedrohende Stille wurde unvermittelt durch einen fetten und lauten Applaus ersetzt…
Wir schauten uns lachend auf der Bühne an, denn wir spürten wie sich unser verurteiltes Publikum entspannte.
Selbst aus den Gesichtszügen der Aufseher schien die Nervosität verschwunden zu sein.
Donnernder Applaus und freundliche Pfiffe wollten nicht verstummen.
Applaus ist des Künstlers Brot…

Jetzt würde ich die nächsten zwei Wochen bestimmt nicht verhungern, dachte ich lächelnd und entspannte mich so weit, dass das Gefühl "schuldig" wieder verschwand.
Die Stimmung vor dem Konzert war definitiv anders. Wir begannen zu spielen und die Kraft der Musik und Gedanken hat die Energie im Raum mehrfach verändert; von Grund auf umgekrempelt.

Die Liebe zu melancholischen Songs lag in der Luft.
Sechs Komma Fünf Zentimeter über den Köpfen der schweren Jungs schwebte sie…
Harte Männer mit weicher Seele…
Einsamkeit und Sehnsucht in den Augen…

"Genieße das Leben" - einer unserer eigenen Songs erklingt…
Die Worte erreichen offene Ohren, die zuhören wollen.
Der Text scheint in den Köpfen zu explodieren;

Genieße das Leben

Genieße das Leben
in diesem schnellen Lauf
Genieße das Leben
drunter oder drauf
Wie es da liegt
Wie es Dich ansieht
In seinen schönen Farben
Ich weiß Du siehst auch Narben

Genieße das Leben
in diesem schnellen Lauf
Genieße das Leben
Unten oder oben auf
Wie es vor Dir kniet
Und zu Dir aufsieht
Vielleicht schon bald fliegt
An Dir vorüber zieht
Vorüber
Vorbei...

Genieße das Leben
In dieser schönen Zeit
Genieße das Leben
Sonst verschwindet es wie Rauch
Nicht das Leben ist so schnell
Wir laufen so schnell am Leben
Ich sag' nicht das Leben ist so schnell
Wir laufen so schnell am Leben
Vorüber
Vorbei...

Genieße dieses Leben
Genieße jedes Leben
In all seinen Facetten
Wie damals die fremden Betten...

Die letzten Töne verklingen...
Die Jungs sind gerührt.
Wir auch.
Männer unter sich...
Normalerweise ist die Mehrheit unseres Publikums weiblich.
Heute gab's für die Geschlechtsgenossen kein Entrinnen und die wunderbare Weiblichkeit hat sie übermannt.
Bei den Worten "Genieße dieses Leben, genieße jedes Leben in all seinen Facetten, wie damals die fremden Betten" hörten wir keinen Lacher wie bei anderen Auftritten.

Die schweren Jungs haben die Mehrdeutigkeit dieser Worte erkannt; die Übernachtungen als Kind im fremden Bett bei Oma, bei Tanten, bei Klassenkameraden…
Später dann im Bett der ersten Liebe…
Die Momente, in denen sich das eigene Bett in ein wunderbar fremdes verwandelt, weil da jemand lag, den wir liebten.
Der erste elternlose Urlaub auf einer ausgeliehenen Luftmatratze…
…und dann die vielen Hotels mit ihren fremden Betten, in denen man vor der Knastzeit übernachtet hat, vielleicht in vollen Zügen das Leben genossen hat…
Manchmal auch die Einsamkeit?
Vielleicht die Zweisamkeit in einem fremden Bett genoss, die aus einem Tief ein Hoch machte?
Jeder Part des Lebens lehrt uns etwas und hilft uns zu begreifen was anfangs unbegreiflich erscheint.

Der gleiche Gegenstand (das fremde Bett) hat vollkommen unterschiedliche Bedeutungen in der Kindheit, in der Teenagerzeit, im Erwachsenenalter, in der Hochzeitsnacht, in der Zeit nach einer Trennung und im Altersheim. Ganz zu schweigen von der Pritsche (Bett im Knackijargon) im Gefängnis…
Ganz zu schweigen von der Langsamkeit des Zeitflusses hinter Gittern und dem schnellen Lauf der Zeit da draußen…
Eine Mauer und ein paar Gitter können offensichtlich die Geschwindigkeit der Zeit beeinflussen.
Viele Menschen arbeiten ohne Unterlass für Geld, begehen sogar kriminelle Taten um an die Knete zu kommen, die sie am Ende nicht mehr ausgeben und auch nicht mitnehmen können.
Der Volksmund weiß: "Das letzte Hemd hat keine Taschen", und trotzdem wird es vielen von uns zu spät oder gar nie bewusst.
Die Beamten sind während ihrer Arbeitszeit auch irgendwie gefangen.
Gefangen hier hinter diesen Mauern, obwohl sie nichts verbrochen haben, und sie teilen nicht nur das Areal des Gefängnisses, sondern auch gemeinsame Zeit, die mehrere Jahre dauern kann. Sie sind Familienväter, genauso wie viele der Gefangenen und verbringen mehr Zeit miteinander als mit der eigenen Familie.
Sie sind die **Angestellten**, obwohl sie nichts kriminelles **angestellt** haben. Sie sind die bezahlten Eingesperrten.
Die Insassen dagegen sitzen hier ehrenamtlich.

Nach dem Konzert hatte sich eine Schlange unterhalb der Bühne gebildet.
Wie nach einem Eishockeyspiel standen uns mehr als 200 Sträflinge mit dankbaren Augen gegenüber und schüttelten uns auf mehr als 200 unterschiedliche Weisen die Hand.
Sie wollten uns berühren und durch diese Berührung vielleicht die Freiheit, Poesie und Musik der Welt von außen, spüren.
Durch uns das Gezwitscher der Vögel berühren, die Wärme, die Farben, das weiche Licht - alles, woran es hier mangelt.
Wir rochen für die Jungs bestimmt nach Frauen von draußen und nach leichtverdientem Geld.

Ich konnte sie wieder genau spüren - diese unsichtbaren Hände, die uns alle miteinander verbinden.
Durch uns wurde heute viel mehr transportiert als Töne und Worte.
Ich spürte, dass es etwas Besonderes war.
Es war Musik für die Seele…
Musik voller Hoffnung, Geruch nach Freiheit, Sehnsucht und Vorfreude auf das Draußen.
Es waren Worte verpackt in der Musik, die vielleicht tiefer in manche Seele eingedrungen waren, als die Urteilsverkündung von einst.
Vielleicht lag diese Tatsache auch an der Stimmlage des unmotivierten Richters, der das Urteil damals vorgelesen hatte.
Vielleicht lag es an dem monotonen Tonfall eines Menschen, der seinen Job nicht mehr aus voller Überzeugung ausübte und für den alles zu einer Routine geworden ist - Urteile (aller Art) auszusprechen, besser gesagt - vorzulesen.
Vielleicht lag es bei der Urteilsverkündung auch an der schlechten Akustik im Gerichtsaal. Welcher Gerichtsaal wurde schon nach akustischen Gesichtspunkten geplant und eingerichtet?
Aber vielleicht lag es doch ein bisschen an uns Fischen, dass unerforschte Frequenzen unserer Musik tiefer in die Seele gelangen konnten als jedes noch so wichtige und ernste Autoritätswort.

Nach dem Schleusengang und den Kontrollen - schwer ausgeatmet…
Das Gefühl "frisch entlassen zu sein" durchströmt mich…
"Vielleicht, weil ich es mir gerade genauso wünsche", hörte ich mich denken.

Ich habe mir schon immer gewünscht, das Gefühl in meiner Brust zu spüren, aus dem Gefängnis entlassen zu werden…
Der Preis dafür - die Freiheit zu verlieren - war mir bis jetzt zu hoch.
Jetzt ist mir alles so einfach und unerwartet in den Schoß gefallen. Ich wollte ein paar Unglückliche beglücken, das war letztendlich vielleicht meine stärkste Motivation, im Gefängnis zu spielen (abgesehen von meiner beinahe vergessenen Macke in ein Gefängnis einzubrechen)…
…dabei haben mir diese Menschen und dieses Erlebnis ein Glücksgefühl geschenkt, das vollkommen unerwartet über mich hereinbrach.
Das Gute, das wir senden, kehrt oft verstärkt zu uns zurück.
Wir verzichteten von vornherein bei diesem Konzert auf die Gage und wurden dabei doch so großzügig belohnt, in diesem Mikrokosmos des Knastes.

Ich erinnere mich an die alten Filme in denen die schweren Jungs - **körperlich** stark und **seelisch** wackelig - vor dem Gefängnistor stehen und von niemandem abgeholt werden.
Nicht nur entlassen - oft auch verlassen…
Vor dem Tor stehend, den lang ersehnten freien Wind in den Haaren und den Geruch der Freiheit, der in der Nase kitzelt, spüren…
…und keiner, der auf sie wartet.
Für einen Moment noch einsamer als hinter Gittern.
…und Niemand, der da ist und sie aus der “sicheren Unfreiheit” in die “unsichere Freiheit” hinaus begleitet.
Das muss die zusätzliche Strafe sein, über die nirgendwo gesprochen wird.

“Wie alt ist unser Strafsystem?” - höre ich mich selbst fragen.
“Viel zu alt.” - antworte ich mir selbst.
Wäre unser Strafsystem ein Computerprogramm, dann wäre es heute so veraltet wie ein Computerprogramm, das mehrere Jahrzehnte alt ist, nun mal ist…
Veraltet, überholt und keinen einzigen Cent wert.
Wir halten aber daran fest, wir halten immer an unseren alten Werten fest, auch wenn sie nichts mehr wert sind.

Wäre eine psychologische Begleitung für “unsere Problemkinder” nicht das Richtigere?

Kann es richtig sein, dass wir die Quäler auch quälen?
…dass wir die Gewalttäter vergewaltigen?
…dass wir ihnen genau dasselbe antun, was wir selbst für falsch halten (und wofür wir sie letztendlich verurteilt haben)?
Eigentlich sollen die Insassen moralisch gebessert werden, aber durch manch ihrer Erlebnisse könnte man eher das Gegenteil erwarten.
Kann man so etwas überhaupt erwarten in Staaten, die mehr Geld für Gefängnisse als für die Bildung ausgeben?
Kann es richtig sein, dass wir uns anmaßen - wie die Götter über die Menschen zu urteilen?
Nur der sollte eine Strafe zumessen, dessen Urteil unfehlbar ist.
Wer kann von sich behaupten unfehlbar zu sein?
Auge um Auge, Zahn um Zahn - dieses PC Programm stammt noch aus dem Alten Testament und ist mega-veraltet, null Wert und vor etwa 2000 Jahren im Nahen Osten von einem genialen Programmierer total überholt worden.
Er sprach genau davon und hat uns noch diese Botschaft hinterlassen, bevor man ihn vorsichtshalber am Kreuz festgenagelt hat:

Sich lieben, verzeihen, sich gegenseitig helfen - es klingt sicherlich anders als ein Strafkatalog, und genau das war seine innere Überzeugung und seine Lehre (die übrigens weitgehend die gleiche ist wie die, seines spirituellen, pazifistischen Bruders Buddha).
Warum ignorieren wir an diesem Mann das Wichtigste - seine Gedanken, seine Liebe und sein geniales Programm?
Die Religion beschäftigt sich mit seinem Lebenslauf mehr als mit seinen Gedanken - das kann unmöglich in seinem Sinne gewesen sein.
Die wahren Wunder waren seine humanen Gedanken in der damaligen barbarischen Welt.
Sein Symbol könnte das Wort "Liebe" sein, aber auf gar keinen Fall ein Folterinstrument - das Kreuz.
…das Kreuz, das viele von uns so selbstverständlich und überzeugt um den Hals tragen. Manchmal sogar mit dem gefolterten Opfer daran, als ob das seine Idee, sein Gipfelerlebnis des irdischen Daseins gewesen wäre und nicht der Höhepunkt der menschlichen Unmenschlichkeit.
Man könnte meinen, die Kreuzträger sind die Fans der Folterer und nicht die des Gefolterten.
Ich kann mir auf gar keinen Fall vorstellen, dass Jesus mit irgendeinem Folterinstrument am Hals herumlaufen würde.

Er stand immer auf der Seite der Schwachen, Unterdrückten und der Verlierer, und zu dieser Kategorie Menschen gehört bestimmt auch manch einer im Gefängnis.
Eine andere Botschaft von ihm war, unsere Bewusstseinstufe zu erhöhen.
Als er gesagt hat: "...denn sie wissen nicht, was sie tun", hat er vielleicht uns alle und auch unsere heutigen Kreuzträger gemeint und ihnen auch gleich ihre Unbewusstheit verziehen, wie es ein Liebender, Verzeihender und Helfender, der er war, nun mal tut.
Wir haben jemanden gekreuzigt, der uns noch viel mehr hätte verzeihen können...
Wir haben unserem Verzeiher nicht verzeihen können, dass wir ihn nicht verstanden haben.
...und auf einmal war derjenige nicht mehr da, der uns gerne geliebt hätte und uns das Verzeihen besser erklären hätte können...
Der Helfer konnte uns nicht mehr helfen, weil wir ihm ins Jenseits geholfen haben...

Selbst heute, 2000 Jahre später gibt es sogenannte "zivilisierte Länder", in denen die Todesstrafe nach wie vor vollkommen legitim und legal erscheint, während man unbeirrt bei den sonntäglichen Gottesdiensten den "Justizirrtum" von damals einstimmig beklagt, ohne, dass man die Urteile von heute in Frage stellt.

12. März - Etwas über den Bumerang - von Anjel

Der Bumerang ist nicht nur etwas sehr australisches und nicht nur ein gekrümmtes Wurfholz, das zurückkehrt.
Man kann in ihm auch sehr viel Symbolisches entdecken.

Er wurde aus einem besonderen Baum gefertigt, der aus der Erde entsteht und zum Himmel empor wächst. Er symbolisiert den Regenbogen.
Die Krümmung des Bumerangs, ist die Verbindung zwischen den Gegensätzen, zwischen Himmel und Erde, Vergangenheit und Gegenwart.

Das erinnert mich an ein Märchen, das ich geschrieben habe und den Namen „Das Land hinter dem Regenbogen" trägt.
Ich erinnere mich - und eine Erinnerung ist wie ein Bumerang...

Eine Erinnerung kehrt in meine Gedanken zurück; die Musik, der Tanz und das Licht verschmelzen in meinem Kopf mit den Gedanken, Worten und Menschen, die bei der Aufführung anwesend waren (aber das nur nebenbei).
Es ist nur eine Erinnerung…
Erinnerungen sind Gedanken und Gedanken soll man loslassen, damit sie weiterhin frei sind und damit man schneller zu dem aktuellen Thema zurück findet und den Faden nicht verliert. (grins…)

Der Bumerang ist inzwischen eher ein Musikinstrument als eine Waffe.
Zwei aneinander schlagende Bumerangs werden bei unterschiedlichen Zeremonien und Ritualen der Aborigines zum rhythmischen Begleitinstrument umfunktioniert. Sie schaffen auf diese Weise die Verbindung zwischen Tanz und Gesang, zwischen den Musikern und den Tanzenden.
Oft komme ich mir selbst wie ein Bumerang vor, vor allem in *Déjà-Vu* ähnlichen Situationen…
Es steht uns schon wieder ein Abschied ins Haus, wie ein *Déjà-Vu.*
Ein ewiges Üben des Loslassens…
Vielleicht kehren wir eines Tages, wie ein Bumerang, in dieses wunderschöne Land zurück...
In dieses Land der faszinierenden Gegensätze, auf diese Insel mit riesigen Wüsten und Ehrfurcht gebietender Leere des Buschlands im Landesinneren.

Noch einmal runter zum Strand, um mich vom Meer zu verabschieden.
Um mich von dieser wunderschönen Stelle zu verabschieden, von diesen wilden Wellen, die mich umarmt und liebkost haben und auch von dem Fels, der mich verletzt hat, - um mich zu erziehen.
Zum Strand gehen, um mich in Gedanken zu verabschieden von derjenigen Welle, die mich zu sehr umarmt hat, weil sie mich vielleicht zu sehr geliebt hat…
Die richtige Dosierung bei Umarmungen ist offenbar das Wichtigste und ich frage mich: „Bin ich vielleicht auch einer, der mit seiner slawischen Seele zu sehr umarmt?
Oder eher einer der zu wenig umarmt?“
Die Antwort liegt warscheinlich im Geschmack des Umarmten. Für den einen ist es schon zu viel, für den Anderen noch zu wenig. Die Frage der richtigen Dosierung liegt nicht nur im Auge und dem Blickwinkel des

Betrachters, sondern auch in dem Moment der Umarmung und in der Situation selbst.

Die Umarmungen sind manchmal wichtiger als Worte, höre ich mich denken, während ich dieses Meer zum letzten Mal anschaue und mit den Augen liebkose.

Das Reisen ist wie ein Leben im Zeitraffer.

Alles passiert superschnell.

All die Begegnungen, all die Abschiede und auch das Loslassen lernt man schneller.

Man lernt sich selbst besser kennen und entdeckt viel Neues innerhalb und nicht nur außerhalb von seinem selbst.

Man trifft die eigenen Gedanken, die irgendwann unterbrochen wurden, die verloren zu sein schienen und aus denen neue Gedankenabläufe entstehen und uns zu dem machen, was wir sind.

Lebendige, atmende Biomasse, die (wenn sie will) - denken, fühlen und lieben kann.

Auf einmal können wir uns daran erinnern, wie wir sind.

Wir lernen immer mehr dazu, zum Beispiel, dass man Traurigkeit wunderbar in Dankbarkeit umwandeln kann.

Wir wollen nicht traurig sein, dass es vorbei ist, sondern glücklich, dass wir es erleben durften...

In Sydney

Back to the roots

Ein bisschen mehr Mut - Cranky Rocks

In unserem Element

Venerable Kudagala Kovida

Im Meditationsraum des buddhistischen Tempels

Ein Freund aus Hippiekommune auf der Suche nach seinem Handtuch

Mit Pete, dem Gründer der Kommune Morning Star

Ganz schön F(R)ISCH...

Dicke Fische mit verwaistem Kängurubaby

Und ein kleines Liedchen flüsterte leise: „Komponiere mich!“

Jürgen als Kugelfisch

Dicke Fische mit Sheo, im Meditationsraum der Hippiekommune

Wir versuchen es

Kapitel 12

Neues (See)Land, neues Glück...

15. März - Willkommen Neuseeland - von Jürgen

Bei der Ankunft auf dem Flughafen in Auckland war eine unglaubliche Ruhe zu spüren.
Keine Menschenaufläufe, kleine Geschäfte, Platz zum Atmen, eine beruhigende Schwingung lag in der Luft und nahm uns ein.
Dennoch waren wir fremd hier. Anders als in Australien. Voll von beeindruckenden Erinnerungen, lag ein weiterer Abschied hinter uns.
Wieder ein Neubeginn.
Wieder unterwegs.
Wir fuhren mit einem Taxi in die Stadt und hier bot sich ein ähnliches Bild wie am Flughafen. Nicht das turbulente Großstadtleben, das man erwartet. Eher das Flair einer lebendigen Kleinstadt war spürbar und sichtbar.
Die erste Nacht verbrachten wir in einem Hotel, tranken eine gute Flasche Rotwein miteinander und ließen im Gespräch die zwei hinter uns liegenden Monate Revue passieren.
Wir waren aber auch hungrig auf Neuseeland. Hungrig auf neue Landschaften und neue Begegnungen.
Der nächste Tag war bestimmt von Entscheidungen, die wir zu treffen hatten. Fahren wir in den warmen Norden, der wunderschöne Strände versprach, oder in den Süden, der uns mit hohen Bergen und klaren Seen lockte. In welcher Form wollten wir reisen, mit dem Bus, mit dem Zug, mit einem Auto?
Wir entschieden uns dafür, einen Camper zu mieten und an die Ostküste zu fahren. Auf jeden Fall schnellstmöglich raus aus der Stadt, ab in die Natur, auf zu neuen Abenteuern, auf zu neuen Ufern.
Zwei Monate, getrennt von unseren Lieben zuhause, liegen hinter uns.
Trotz der beeindruckenden Erlebnisse der vergangenen Wochen tragen wir sie wie in einer Schatzkiste in unseren Gedanken.

Liebe trägt

Auf zu neuen Ufern
mit Dir auf dem Weg
hinein ins wahre Leben
solang die Liebe trägt

Denk an all die Zeichen
sie wurden uns geschenkt
wir wussten sie zu deuten
und haben ins Ziel gelenkt

Doch wenn der Zweifel leise an die Türe klopft
lass' ihn nicht rein
selbst wenn ihm eine Träne aus dem Auge tropft
schick ihn wieder heim

Bin an deiner Seite
fühle mich bereit
losgelöst von Wunden
der Vergangenheit

Doch wenn der Zweifel leise an die Türe klopft
lass' ihn nicht rein
selbst wenn ihm eine Träne aus dem Auge tropft
schick ihn wieder heim

Auf zu neuen Ufern
mit Dir auf dem Weg
hinein ins wahre Leben
solang die Liebe trägt
Liebe trägt
Liebe trägt

16. März - Die Erde lebt - von Jürgen

Wir haben ein Auto gemietet, das, wie sich später herausgestellt hat, zwar langsam ist, aber wir kommen überall an, auch wenn es dauert. Hektik ist hier fehl am Platz. Die Straßen lassen nur ein langsames Fahren zu. Geduldig schlängeln sie sich an den Küsten entlang und Schotterstraßen zu entlegenen Plätzen gehören einfach dazu. Wir können bequem zu zweit im Camper schlafen und bei Regen (in Neuseeland beginnt gerade der Herbst) sogar darin Gitarre spielen.
Wir fahren morgens los, ohne wirklich zu wissen, wie weit wir an diesem Tag kommen. Finden wir ein schönes Plätzchen, so gehen wir baden, kochen und bleiben über Nacht.
Beeindruckend sind vor allem die Strände, die direkt an eine Landschaft angrenzen, die an eine ländliche, hügelige Gegend in Bayern oder den Schwarzwald erinnert.
Hinter uns liegt bereits die Gegend von Coromandel, ein im Nordosten liegender Landzipfel Neuseelands. Sehr schön. Traumstrände und ein Meer mit der Kraft von hundert Elefanten. Riesige Wellen, starke Strömungen, manchmal sogar zu stark um zu baden. Ungebändigt und wild.
Auf meine Frage an eine Reisende, welche Plätze sehenswert seien, bekam ich die aufschlussreiche Antwort: "Du kannst überall hingehen wo du willst, es ist überall schön." Und ich muss sagen, bis jetzt hat sie Recht behalten.
Unser nächstes Ziel heißt "Rotorua", mit Spitznamen "Sulphur City". Eine Stadt, die bekannt ist für ihre Geysire, Schwefelquellen, blubbernde Schlammpools. Ein Zentrum der Maorikultur, den Ureinwohnern Neuseelands. Es gibt dort einen Pub namens "Fat Dog", also "Dicker Hund", da zieht es uns als "Dicke Fische" irgendwie hin.
Doch dem nicht genug. Zwölf Seen gibt es alleine in der näheren Region. Der größte, 10 km lange See, ist der "Lake Tarawera" am Fuße des Berges "Mount Tarawera".
Am 10. Juni 1886 ist dieser Vulkan, nach 500 jährigem Schweigen, zum letzten Mal ausgebrochen und hat unter der ausgespuckten Asche, Lava und Schlamm, ganze Dörfer, viele Menschen und Tiere begraben. 1500 Quadratkilometer Land waren nach dem fünfstündigen Ausbruch verschüttet.
Die besondere Energie und der hier wesentlich stärkere Erdmagnetismus lässt Kranke schneller genesen. Die Erde lebt.

19. März - Das Leben in einer Postkarte - von Anjel

Wir haben einen unglaublich malerischen Ort gefunden, der, wenn ich ihn genau beschreiben wollte, ein weiteres Buch füllen würde...
...wir leben innerhalb einer Postkarte, höre ich mich denken, als ich zum dritten Mal mitten in dieser Schönheit aufwache.
Der See, an dem wir unseren Anker ausgeworfen haben, heißt "Lake Tarawera".
Ein wunderschöner, ruhiger Süßwassersee mit kristallklarem Wasser und vulkanischen Bergen im Hintergrund.
Palmen und andere Bäume am bergigen Ufer versuchen sich selbst in diesem flüssigen Spiegel von ihrer schönsten Seite zu betrachten.
Die Wolken, die ich gerade beim Schreiben anschaue, sehen aus wie riesige Berge aus Zuckerwatte, die sich ihrer Schönheit erst nach dem Blick in den Spiegel des Sees bewusst werden.
Musik für die Augen...
Wenn man das Bild dieser Landschaft wirklich realistisch malen würde, müsste das Ergebnis dieser Mühe geradezu ein kitschiges Gemälde werden.
Zu schön, um wahr zu sein.
Keine Möglichkeit, irgendetwas in Frage zu stellen.
Nichts, was zum Nachdenken zwingt...
Komischerweise verzeiht man einer Fotografie viel mehr, als einem gemalten Bild.
Vielleicht fotografieren wir auch aus diesem Grund munter Sachen, die wir wahrscheinlich niemals malen würden.
Wir genießen es, in der Mitte dieser wunderschönen Postkarte zu leben und schlafen direkt auf dem See in einem großen Boot, das unserem neu gewonnenen Freund, Captain Bob, gehört.
Bob kommt aus Schottland und lebt mit seiner Frau Jill seit vielen Jahren in einem Haus am Ufer des Sees. Er hat uns sein Schiff zur Verfügung gestellt, nachdem er uns am ersten Abend auf der Veranda des Restaurants seiner Frau spielen hörte. Er hat "Feeling" für Gitarrenmusik und er liebt sie.
Bob wollte schon immer Gitarre spielen lernen, hat es aber leider nie verwirklicht.
Vielleicht haben wir ihn auch deswegen mit unserer Musik so ins Herz getroffen.

"Mein Boot ist euer Boot", sagte er, und seitdem leben wir auf seinem - unserem Boot (das, nur zu Deiner Vorstellung, 22 Meter lang ist). Wir haben reichlich Platz zum Proben, Meditieren, Schreiben, Feiern und Schlafen. Reichlich Inspiration für neue Lieder, neue Gedanken und Gespräche.

Ich träumte die ganze vorletzte Nacht ein und dasselbe Lied und der Traum war so lebendig und so intensiv, wie die Realität selbst.

Ich versuchte den Traum, in das kleine Mikrofon meines Diktiergerätes, so getreu wie nur möglich wiederzugeben.

Ich nahm es gleich nach dem Aufwachen im Morgengrau auf und fungierte so gleichzeitig für Jürgen als ein musikalischer Wecker, ohne ihm dabei auf den Wecker gehen zu wollen.

...und es ging ihm keineswegs auf den Zeiger. Ganz im Gegenteil, das neue Lied begeisterte ihn sogar so sehr, dass er das morgendliche Gähnen vergaß.

Der Text ergab keinen Sinn, aber das ganze klang schon in dieser Phase sehr gut.

Wir probten es gleich nach dem Frühstück ein und spielten es unseren neuen Freunden vor.

Komischerweise schienen sie begeistert zu sein, obwohl der Text ein totaler Nonsens ist und nur aus zwei Worten besteht, die sich ständig wiederholen.

Bob und Jill sind sehr aufmerksame Zuhörer und ganz besonders liebe Menschen.

Sie fanden unser neuestes Stück, das wir **MAUNGA MATIA** (getreu dem Traum) genannt haben, mitreißend.

Wir sind gespannt, wie die Leute zuhause in Deutschland auf diese Fantasiesprache reagieren.

Jürgen und ich sind allein auf dem Schiff und damit zeitlich und räumlich vollkommen unabhängig von der Außenwelt und trotzdem mitten im Schoß der Natur.

Nachts betrachten wir den Sternenhimmel und reden stundenlang miteinander...

Wir betrachten die von uns noch in Australien entdeckte und als "Dicken Fisch" getaufte Sternenkonstellation.

Wir haben dem südlichen Himmel und uns selbst ein neues Sternbild geschenkt. Wir haben viele wunderschöne Plätze hier in Neuseeland für uns entdeckt und sind einigen interessanten Menschen begegnet.

Wir haben beeindruckende Geschichten gehört, lange die Sterne angeschaut und über das Leben nachgedacht...
Wir haben die Landschaften mit unseren Augen gestreichelt, den Geruch der vulkanischen Erde inhaliert, gefilmt und fotografiert. Wir haben an unserem Buch geschrieben, gesungen, getextet, komponiert, sehr viel gelacht und wenn es uns gelungen ist, Dich auf unsere Reise mitgenommen zu haben, dann macht es uns beide noch glücklicher, als wir bis jetzt schon waren...

Was für eine wunderschöne Zeit innerhalb dieser lebendigen, neuseeländischen Postkarte...

20. März – Zweieinhalbtausend Blumen – von Jürgen

Insgesamt sind wir drei Monate unterwegs, über 100 Tage abgetaucht, ungefähr 2500 Stunden in einer anderen Welt. Stunden, die man sein ganzes Leben nicht mehr vergisst. Intensiv gelebte Zeit.
Plötzlich scheinen die Tage länger zu sein. Wer kennt das nicht aus seiner Kindheit? Gehen uns im "Alltag" (den es eigentlich nicht gibt) nicht zu viele Stunden durch die Lappen? Wäre es nicht schöner die Augen zu öffnen für all die bezaubernden Kleinigkeiten des Tages? Das Glück wohnt im Augenblick.
Was könnten wir selbst in 2500 Sekunden alles bewirken? Das sind immerhin 41 Minuten. Genug Zeit um jemanden um Verzeihung zu bitten, sich zu bedanken, jemanden zu umarmen aber auch Zeit genug um jemanden zu vermissen.
Oft habe ich den Wunsch jede Sekunde eines glücklichen, einzigartigen Erlebnisses in eine Flasche zu füllen um anschließend lebenslang daraus trinken zu können.
Es gibt Tage da wünsche ich mir viel mehr als zweieinhalbtausend Sekunden, mehr als zweieinhalbtausend Stunden. Es gibt Momente da wünsche ich mir einen Schalter, mit dem ich die Zeit anhalten kann...

2500 Blumen

Zwei'nhalbtausend Blumen
alle sündhaft schön
sind immer noch zu wenig
um es zu verstehen

Zwei'nhalbtausend Worte
ausgewählt und wahr
machen's noch nicht deutlich
machen es nicht klar

Ich will Dich glücklich sehen
Ich will Dich ohne Worte verstehen
Ich will Dich jetzt und hier
komm mein Schatz, wir geh'n ab dafür

Zwei'nhalbtausend Stunden
gehen zu schnell vorbei
um mit dir zu genießen
worauf ich mich freu

Ich will Dich
glücklich sehen
Ich will Dich
ohne Worte verstehen
Ich will Dich
jetzt und hier
komm mein Schatz, wir geh'n ab dafür

22. März - Die Liebe zur Musik... - von Jürgen & Anjel

Die Liebe zur Musik brachte uns zusammen. Sie heißt Sophie, ist 33 Jahre alt, kommt aus England und ist Köchin in Jills Restaurant.
Ihre Haut ist weiß und voll Sommersprossen.
Ihre Augen stehen hervor, ihre Zähne sind gelb.
Sie ist alleine.
Alleine mit ihren vier Katzen, ihrer riesigen CD Sammlung, ihrem schnellen Auto und ihrer Geschichte, die sie in ihrem Herzen eingeschlossen hat.
Es war wieder einmal die gemeinsame Liebe zur Musik, die uns zusammenbrachte.

Sie selbst beschreibt sich als launisch und manchmal depressiv. Sie sieht sich als Einzelgänger.
Zu kompliziert um mit jemandem zusammenzuleben.
Wir hatten uns zu einem gemeinsamen Abend verabredet.
Es war der Tag an dem wir die Komposition unseres Liedes "Volltreffer" abgeschlossen hatten.
Dieses Lied ging uns ganz schön tief rein. Und genauso ging es Sophie. Sie verstand kein Wort des Textes, weil er auf deutsch gesungen wurde und trotzdem liefen ihr Freudentränen die Wangen hinunter, als wir es ihr vorspielten.

Volltreffer

Heute ist mal wieder einer der Tage
an denen du mir nah bist
keine Zweifel und auch keine Frage
dass es unser Weg ist

Du bist'n Volltreffer
und ich hab's gewusst
in der ersten Sekunde, war's mir bewusst
Du bist'n Volltreffer
mitten ins Ziel
und ich erwarte diesmal einfach nicht zu viel

Wir haben uns gefunden ohne uns zu suchen
das Leben ist schon seltsam
wir passen zusammen wie Sahne zum Kuchen
jetzt genießen wir ihn gemeinsam

Du bist'n Volltreffer
und ich hab's gewusst
in der ersten Sekunde, war's mir bewusst
Du bist'n Volltreffer
mitten ins Ziel
und ich erwarte diesmal einfach nicht zu viel
und ich erwarte diesmal einfach nicht zu viel
und ich erwarte diesmal einfach nicht...
zu viel

Wir gingen aufs Schiff und sprachen über Musik und unsere Träume. Wir erzählten ihr Geschichten von unserer Reise und lachten uns schlapp.
Wir spielten Gitarre und sangen, plötzlich war ihr alles zu viel. Sie fuhr nach Hause und war genauso schnell verschwunden wie sie gekommen war. Ihre Stimmungen wechselten innerhalb von Minuten die Farben.
Am nächsten Morgen stand sie wieder da, um uns ein bisschen durch die Stadt zu führen.
Sie fuhr mit einem Affenzahn durch die Gegend, die Zigarette im Mundwinkel, im Radio lief Ray Charles.

“Wenn ich ein Kind auf die Welt bringen würde, käme es mit einem Feuerzeug in der Hand und einer Kippe im Mund auf die Welt”, scherzte sie. Sie riss einen Witz nach dem anderen und wir brauchten manchmal ziemlich lange um ihren gewandten, englischen Wortspielen zu folgen. Ja, das konnte sie, Menschen zum Lachen bringen. Das war, wie sie selbst sagte, eine ihrer Aufgaben; Menschen mit ihren geflügelten Worten und ihrer Kochkunst zu erfreuen.
Wir besuchten das Museum in Rotorua, wir tranken und aßen im “Fat Dog”, wir badeten unsere Füße in den heißen Quellen, und schließlich landeten wir bei ihr zuhause.
Wie sich später herausstellte waren wir ihr allererster Besuch. Da sie seit fünf Jahren in Neuseeland lebt, bedeutet das, der erste Besuch in fünf Jahren überhaupt!
Im Wohnzimmer ihres Häuschens standen eine kleine durchgesessene Couch und eine fette Stereoanlage. Sie kramte ihre ganzen Lieblings-songs raus und wir landeten schließlich gemeinsam bei “Radiohead”.
Sie hörte die Musik nicht nur, sie sog sie förmlich in sich auf. Sie begann sitzend auf ihrer Couch zu tanzen, sie drehte die Musik immer lauter und es dauerte nicht lange und wir tanzten mit.
Alles tanzte; Sophie, die "Dicken Fische" und die dicken Katzen.
Sophie war in der Lage die Musik mit ganzem Herzen und ohne jegliche Ablenkung in vollen Zügen zu genießen. Sie genoss ihre Lieblingsmusik wahrscheinlich mehr als Menschen die sie komponiert haben, dachten wir.
Man trifft nicht alle Tage Jemanden, der die Musik so genießen kann. Es war angenehm ansteckend.
Wir bewunderten wortlos diese Eigenschaft an ihr und sie bewunderte uns, weil wir in der Lage waren selbst Musik zu komponieren und Leute wie sie, damit glücklich zu machen.
Erst spät am Abend brachte sie uns in Turbogeschwindigkeit zurück zu unserem Boot.
Wir konnten aber nicht sofort abschalten, denn die Gespräche mit ihr, über ihr Gefühl nichts wert zu sein, hässlich und dick zu sein, alleine dem Schicksal ausgeliefert zu sein, hatten uns gepackt und nachdenklich gemacht.
Sie war wertvoll, das war uns klar, aber sie konnte es nicht erkennen, weil sie es nicht erkennen wollte. Sie nahm ihre Eigenschaften als selbstverständlich und konnte sie nicht schätzen.

Wir versuchten sie aufzubauen und zu provozieren. Wir wollten die Wand durchbrechen, hinter der sie sich versteckte. Diskutierten, fragten, gaben ihr Anstöße.
Ihr wahres Gefühl, nämlich die Trauer, versteckte sie hinter der Wut. Doch irgendwann brach der Staudamm der aufgestauten Selbstzweifel, des Selbstmitleids und entlud sich in Form eines weiteren Wasserfalls aus ihren Augen. Das war der Moment in dem sie sich zu sich selbst verwandelte. Wir hatten plötzlich die echte Sophie vor uns.

Angestrengt, aufgewühlt und ausgelaugt saßen wir spät in der Nacht noch im Boot und reflektierten diese Begegnung.
Was sollte uns das sagen?

25. März - Die Sophie vergessen wir nie - von Anjel & Jürgen

Die Tage vergingen und unser letzter Tag am See brach an.
Der Abschied von Jill und Bob lag in der Luft.
Es war uns wichtig, auch Sophie unsere Liebe und Zuneigung entgegen zu bringen und wir entschieden uns vor der Fahrt in den Norden, ihr noch einen Besuch abzustatten um uns zu verabschieden und ihr Selbstwertgefühl noch einmal aufleuchten zu lassen.
Im Moment des Abschieds von unseren Lieben, Jill & Bob, hatten wir es erfahren:
"Sophie ist, total geplagt von einem nächtlichen Asthmaanfall, auf der Intensivstation gelandet.
Sie ist fast erstickt und gerade noch gerettet worden."
Schockiert schauten wir uns gegenseitig an und wortlos wussten wir, was zu tun war!
Die Adresse des Krankenhauses in Rotorua, der nächsten größeren Stadt ungefähr zwanzig Kilometer entfernt, wurde schnell festgestellt und wir fuhren einmal mehr winkend los.

Leise und bedacht liefen wir den Flur des Hospitals entlang. "Sophie liegt im zweiten Stock auf der Intensivstation", sagte uns eine nette Dame am Empfang. Die Gitarrenkoffer in der Hand, mit der Idee, ihr eines ihrer Lieblingslieder zu singen, standen wir im Aufzug.

Wie sie uns wenige Tage zuvor erzählte, gefiel ihr ganz besonders unsere Version von "Creep" auf unserer CD "Wasserspiele".

Wir klingeln an der Tür zur Intensivstation und ein Arzt in grüner Bekleidung und fragenden Augen macht uns auf.
Wir erklären kurz den Zweck unseres Besuchs und er lässt uns ein.
Die Mission kann beginnen.
Auf der Station sind fünf Betten aufgestellt. Jedes Bett ist von dem anderen mit einem Vorhang abgetrennt, damit ein gewisses Nestgefühl für den Patienten entstehen kann. Auf dem letzten, schräg im Kopfbereich aufgestellten Bett liegt "unsere rasende Köchin" Sophie.
Mit halb geöffneten Augen liegt sie da.
Angeschlossen an dünnen, lebensrettenden Schlauchschlangen in der Nase und am Unterarm.
In ihrem Halbschlaf verharrend, scheint sie träumend aufzuwachen. Sie hat uns herbei geträumt, dachte sie bestimmt.
Freude in ihren Augen.
Vielleicht die einzige Freude hier?
Vielleicht sind wir die einzigen Freunde von ihr?
Sie ist ganz blass.
Unlebendig blass.
Wir begrüßen sie, und trotz der vielen Schläuche, umarmen wir sie in ihrem Bett.
Wir packen die Gitarren aus und spüren die erstaunten Blicke der Ärzte.
Wir fangen an zu spielen.
Leise, ganz leise und fühlen wie die Stille in der Intensivstation noch stiller wird...
Ich fange an zu singen, und jedes Wort scheint ein Siebenfaches an Gewicht zu haben.
Sophie scheint in den Worten zu schwimmen.
Sie scheint in uns zu schlüpfen. Sie scheint teils im Traum, teils in der Musik und gleichzeitig in ihrem Bett zu sein.
Sie scheint zu lächeln, während es anfängt, aus ihren Augen zu regnen.
Nein, es ist kein Regen, es sind kleine Wasserfälle.
Wir können nicht anders, als sie während des Singens anzuschauen.
...wie sie ganz schwerelos über ihrem Bett zu schweben scheint.
Wie eine Feder über wunderschönen Landschaften, in lauem Sommerwind...

Sie hört uns mit ihrem ganzen Wesen und auch durch ihre blasse, dünne Haut zu.
Unsere ganze Energie fließt in einen einzigen Menschen hinein, dieser Mensch heißt Sophie und sie ist unser Publikum mit tausend Gesichtern.
Wir sind mit ihr verbunden.
...Kleiner Wolkenbruch in meinen Augen.
Ich kann fühlen, was sie fühlt.
Wir befinden uns alle drei in einer Regenwolke, die "unser HIER und JETZT" vom Rest der Welt trennt.
Ein Gefühl, ein Engel zu sein und mit anderen Engeln leise zu singen.
Eine neue Dimension unserer Musik.
Sie liegt da, und auf einmal sieht sie wie ein blasser Engel aus.
Diese Frau, die bis jetzt niemand als Schönheit bezeichnet hätte...
Sie lächelt, als ob dies gerade der schönste Moment ihres Lebens wäre, und das ausgerechnet hier im Krankenhaus auf der Intensivstation...
Sie scheint ihren Körper vergessen zu haben und nur ihre Seele zu spüren...
Die Seele, die schön wie ein Garten voller Blumen und Schmetterlinge ist und untermalt mit unserer Musik, dem Soundtrack dieses Moments...
Das Lied ist aus.
Jürgen schaut mich an.
Ich trockne mir so unauffällig wie möglich die Augen.
Absolute Stille.
Ich drehe mich um, die Ärzte und Patienten, für die die Vorhänge zur Seite geschoben wurden, klatschten einen stummen Applaus.
Es sah aus, als ob sie in die Hände klatschten, sie ließen aber die Hände nicht aufeinander prallen.
Ein Applaus, wie ihn ein Tauber erlebt.
Ich war kurz erschrocken und dachte, ich hätte soviel Energie verloren, dass ich einen Hörsturz habe oder soeben taub geworden bin.
Ich klopfte kurz auf die Gitarre und ich konnte das Klopfen hören.
Ich war nicht taub geworden, es war tatsächlich so still im Raum.
Applaus wie im Stummfilm.
Wir waren auch stumm.
Wir wollten nicht länger bleiben, die Engel waren platt.
Ausgelaugt und platt...
Der Abschied ging sehr schnell und schien trotzdem wie in Zeitlupe abzulaufen.

Vorbei an den überraschten Augen der Ärzte.
Vorbei an den glänzenden Augen der schwer erwischten Patienten Richtung Ausgangstür der Intensivstation...
Im Korridor, drei Meter nach der Tür erst einmal Hinsetzen.
Wir waren immer noch die Engel, die ausgelaugt und müde in sich selbst versanken.
Sprachlos tankten wir die Energie aus der Luft und atmeten schwer, wie nach einem hundert Meter Sprint und kehrten langsam in unsere Körper zurück.
...Ohne ein einziges Wort.
So ein "intensives" Erlebnis kann man nur auf der "Intensiv" Station erleben, hörte ich mich denken.
Ich verspürte einen tiefen Dank an diesen Gedanken, der mir aus dem Universum zugespielt wurde und der mich abzulenken und zu erheitern versuchte.

Diesen Moment vergessen wir nie, denn er ging ganz, ganz tief.
Und der Engel, der uns eines Tages aus dem Leben begleiten wird, wurde schon heute von uns verstanden...

Kapitel 13

Dicke Fische bei den Maoris

29. März - Luftsprünge der transparenten Seelen... - von Anjel

Wir sind echte Glückspilze, denn wir haben schon wieder ein tolles Plätzchen zum Wohlfühlen gefunden.
Diesmal sind wir bei Maoris gelandet und wohnen schon seit ein paar Tagen bei ihnen.
Die Maoris sind die "Indianer" hier, also die Ureinwohner Neuseelands und gleichzeitig die kleinste Bevölkerungsgruppe der Insel.
Eine selbstbewusste, smarte und stolze Sippe, die sich trotz britischer Überlegenheit an Waffentechnik, in der Zeit der kolonialen Eroberungsversuche nicht unterkriegen ließ.

Maoris sind auch die couragiertesten und herausragendsten Rugby Spieler in NZ.
Rugby ist, neben dem Kricket, die beliebteste Sportart der Kiwis, wie sich die Neuseeländer gerne selbst nennen.
Kiwis haben überhaupt kein Problem damit, über sich selbst zu lachen.
Eine wunderbare Eigenschaft.
Mit dem Wort "Kiwi" kann genauso die Frucht, die hier überall prächtig gedeiht, wie auch das neuseelandspezifische Tierchen, oder eben auch ein Neuseeländer gemeint sein.
Die Haut der Maoris ist ein bisschen dunkler und sieht wie schöne, leicht sonnengebräunte Haut nach dem Urlaub aus.

Wir werden das Gefühl nicht los, dass alle hier irgendwie in Urlaubstimmung sind.
Robert & Louise sind Maoris, mit wunderschöner Urlaubshaut. Sie haben acht eigene und zwei Pflegekinder und jetzt noch vorübergehend zwei “Dicke Fische” als Gäste.
Eine kinderreiche Familie, im wahrsten Sinne des Wortes. Sie pflegen ihre Maoritradition und sind so erfrischend anders als alles, was wir bisher kannten.

Es herrscht kein Chaos, wie man bei so einer großen Anzahl von Familienangehörigen vermuten könnte und es werden nicht hunderte von Worten verloren, bevor irgendetwas passiert.
Es wird nicht lange um den heißen Brei geredet. Die Dinge werden extrem schnell auf den Punkt gebracht, so dass es nicht viele Möglichkeiten gibt, irgendetwas misszuverstehen oder falsch zu deuten.
Es geschieht alles so selbstverständlich, fließend und friedlich. Jeder ist sich über seine Aufgaben im Klaren. Nur die kleinste, die dreieinhalb Jahre alte Ritihea, spielt noch ein bisschen das Baby, was allen anderen Kids ziemlich kindisch vorkommt. Uns bringt sie immer zum Lachen.
Robert ist ein großer, stämmiger und stabil gebauter Mann. Körperlich viel größer als man sich einen Maorimohikaner vorstellt.
Sehr intelligent, klare Sichtweise, der eigenen Philosophie folgend und trotzdem nicht stur in ihr verharrt.
Robert ist nicht nur "*open minded*", er ist auch im wahrsten Sinne des Wortes "*open hearted*".

Wir haben wunderbare Gespräche mit ihm, als ob wir uns schon eine Ewigkeit kennen würden, und er steckt uns mit seiner fröhlichen Direktheit sowie mit seinem mitreißenden Stil zu erzählen an. Wir lachen viel mit ihm, dabei scheuen wir uns alle nicht davor, auch die ernsteren - Nichturlaubsthemen anzusprechen.
Wir können es förmlich spüren, wie er uns durch seine Ehrlichkeit, Direktheit und Offenheit bereichert.
Als er sich selbst als einen Farbigen bezeichnet, lege ich meinen Unterarm neben seinen, so dass ich ihn berühre und wage es, ihn darauf aufmerksam zu machen, dass meine Urlaubshaut genau die gleiche Farbe hat wie seine.
Unsere Blicke treffen sich.
"Wir haben die gleiche Farbe, wir haben alle die gleiche Farbe", betone ich.
Kurze Denkpause.
"...und die Farbe unserer Seelen ist durchsichtig", füge ich noch hinzu und fühle, dass der gute Rob genau versteht, was ich meine.
Wir lächeln uns an und spüren, wie wir uns unsichtbar umarmen.
Unsere Seelen tanzen den Deutsch-Maori-Slawischen Freudentanz.
Wir beide spüren, wie nah wir uns gekommen sind, wir spüren, wie nah wir uns sind.

Das leichte, zivilisiert wirkende Lächeln kann nicht ganz verbergen, was in uns beiden vor sich geht.
Glücksschübe in der Lunge...
Zwei erwachsene Männer, die sich selbst dabei erwischen - sich wie zwei Lausbuben über ihre Freundschaft zu freuen.
Freundschaft ist Liebe...
Die allgegenwärtige Liebe macht uns glücklich...

Luftsprünge der transparenten Seelen vor der inneren Kamera...

30. März – Ein Herz wie ein Garagentor - von Anjel

Rob erzählt uns über die alten Maori-Legenden, in denen der Drache (der aktive Vulkan) von den tapferen Kriegern in die Erde zurück verbannt wird.
Er erzählt über alte Rituale, über alte Maoribräuche und alte Sitten, über Maorimusik und Tänze...
Robert erzählt über den "*Hongi*", die Maoribegrüßung beim Verabschieden und Wiedersehen, in dem sich die "Grüßer" mit der Nase berühren.
"Unseren ersten Atemzug machen wir durch die Nase. Durch die Nase hat uns Gott das Leben eingehaucht, und deswegen hat die Nase eine große Bedeutung für uns", erzählt er weiter...
Mitten in seinem Erzählen überkommt mich ein Gefühl der Wärme in meinem Brustkorb.
Ich spüre Robs Liebe und Verbundenheit dazu, worüber er gerade spricht - zu seinen Wurzeln.
"Robs Herz ist wie ein Garagentor.
Nicht nur so groß und breit, sondern auch so offen", denke ich leise...
Ich kann es genau spüren...
Er erzählt leidenschaftlich weiter, ohne irgendetwas von meinen Gedanken bemerkt zu haben, über die ersten Begegnungen der Maoris mit den Europäern, die Geschichten über die alten Stämme und Traditionen.
"Wir waren Jahrtausende lang Kannibalen", erzählt der gute Rob stolz und munter: "Wir haben unsere Gegner, die wir im Kampf besiegten, verspeist, um auch ihre Kraft, Energie und andere Eigenschaften und Fähigkeiten zu bekommen".

Faszinierend, wie manche Gedankenabläufe zu manchen Menschen nicht passen und trotzdem da sind, trotzdem fließen...
Rob trinkt seit Jahren keinen Tropfen Alkohol.
"Ich habe mein Quantum an Alkohol und anderen Drogen schon intus.
Mein Pensum im Schlucken ist längst erfüllt.
In meinen wilden Jahren probierte ich fast alles durch und es dauerte ziemlich lange bis ich erkannte, dass es mich nicht glücklich machte," erzählte Rob gelassen.
Ich habe den Ausgang aus diesem Labyrinth gefunden und ich begebe mich nie wieder auf diese Blindfahrt!"
Rob erzählte über die Liebe, die ihn rettete, über eine Beerdigung in der Familie, bei der er "seine" Louise kennen gelernt hatte.
Das Begräbnis war die Geburt seiner größten Liebe.
Die Liebe, die ihn mit einer neuen Denkweise beschenkte…

Während ich ihm zuhöre, begeben sich meine Gedanken auf eine Wanderung mitten durch seine Geschichten…
Robert strahlt eine Kraft, Stärke und Sanftheit zugleich, gepaart mit einer Art liebevoller Wärme, Gelassenheit und Offenherzigkeit aus.
Das, was wir gerade in der Luft spüren, das sind die wirklichen, internationalen Frequenzen, die trotz unterschiedlicher kultureller Hintergründe an die Oberfläche gelangen. Unabhängig von unterschiedlicher Sprache und Geschichte kommt diese Frequenz durch und man könnte sie auch "Liebe" nennen.
Die Liebe entfaltet sich in jedem Augenblick und jeder Augenblick enthält die Ewigkeit.
"Was zählt ist die Liebe" - das wird mir von Tag zu Tag bewusster...
Wir sind also bei Kannibalen gelandet, bei sehr freundlichen Kannibalen allerdings.

Falls wir dieses Reisebuch nicht zu Ende schreiben, sind wir dieser Maoritradition zum Opfer gefallen.
Ob wir, die Musiker, ihnen schmecken würden, ist sehr fraglich. Wahrscheinlich ist man hier mehr an Maori-Kriegergeschmack oder an englisch gegrillte, britische Eroberer gewöhnt...
Man bekommt auf einmal ganz andere Assoziationen, wenn man hier irgendwo einen Fleischwolf sieht.
Jetzt fällt mir auch wieder auf, dass uns der Nachbar gestern ziemlich hungrig anschaute... (grins)

Ehrlich gesagt, kann ich mir nicht vorstellen, dass wir besser schmecken sollen als “Kiwis“, Mangos, selbst gemachter Kartoffelbrei oder Sushi.
Die Menschenfresser sind heute auch nicht mehr das, was sie mal waren...
Sie sind heute zu wunderbaren, glücklich machenden Philosophen geworden.
Zumindest - manche von ihnen.

31. März - Ich spüre meine Seele lächeln - von Anjel

Trotz des Kannibalismus in der tiefen Vergangenheit haben die Maoris sehr spirituelle Wurzeln und man sollte sie auf keinen Fall als Wilde betrachten.
Beerdigungszeremonien beispielsweise haben einen sehr speziellen Charakter.
Am letzten Tag vor dem Begräbnis, also zwei Tage nach dem Todesfall, treffen sich alle Familienangehörigen und Freunde an einem Platz zum Höhepunkt des Abschiednehmens. Nachdem sie sich versammelt haben, reichen sie sich gegenseitig einen Stock (der ähnlich aussieht wie unser Spazierstock), und jeder, der ihn gerade hält, darf verbal alles loslassen, was er an Ärger bezüglich der verstorbenen Person in sich trägt.
Maoris transformieren so die Trauer in den Ärger, und das hilft ihnen, die Traurigkeit zu besiegen.
Es könnte sogar zu Ausbrüchen kommen, wie: “Du warst schlecht zu mir, du hast mir wehgetan, du warst rücksichtslos, du hast dich nicht um deine Kinder gekümmert” und ähnliches, aber anschließend wird gesungen. In diesen Maori-Liedern geht es um das Verzeihen, um die Liebe, um Erinnerungen an das Gute...
Es ist der Übergang zum Verzeihen, Loslassen und zu einem Neuanfang.
Niemand wird hier sofort nach dem Tod zum ”Heiligen” erklärt und jeder bekommt erstmal eine Quittung für seine Taten, bevor man ihm verzeiht.
In solch bewegenden Momenten lernt man ganz schnell auch aus den Fehlern von Anderen, was nicht ganz selbstverständlich ist.
Reden darf nur derjenige, der den Stock hält, aber singen dürfen alle, die es wollen.

Die Garantie dafür, dass das Ritual nicht im Ärger oder der Wut stecken bleibt, ist das Singen danach, denn jeder, der den Stock hält und loslässt, was ihn geärgert hat, muss hinterher auch singen...
Was für ein interessantes und sinnvolles Ritual...
Die Hinterbliebenen nutzen die ganzen drei Tage für Gespräche. Die Verwandtschaft und andere Besucher trudeln zu den "unmöglichsten" Zeiten ein. Manche aus Nachbardörfern, manche aus der Stadt, wo sie leben, andere kommen aus Australien eingeflogen...
"Genug Gründe für den Ärger, wenn dich der Eine um halb zwei in der Nacht weckt, der Nächste um halb vier und der Übernächste dich um fünf Uhr morgens wachrüttelt.
...aber auch das ist gut", sagt Rob.
"Das ist genau das, was dir dabei hilft, die Traurigkeit zu vertreiben und in Ärger zu transformieren", fügt er noch hinzu und lächelt spitzbübisch.
Das Grab wird grundsätzlich manuell und ohne Bagger oder ähnliche Maschinen gegraben.
Schaufel, Pickel und Hände, das war's...
"Wir sind ohne Maschinen zur Welt gekommen, und wir gehen auch ohne Maschinen", erklärt uns Rob.
Außerdem ist es auch eine gute Gelegenheit, von der Trauer abgelenkt zu werden, körperlich etwas Elementares zu leisten und in Gedanken Abschied zu nehmen. Das Grab wird immer von einem Nahestehenden gebuddelt und nicht von einem Fremden, der keinerlei Beziehung zu dem Verstorbenen hat.
Nachdem sie sich die letzten drei Tage intensiv mit dem Tod, Traurigkeit, Wut und Ärger beschäftigt haben, kehren sie ins "Leben zurück" und vieles wird anders gesehen, als man es bis jetzt gesehen hat.
Ein traditionelles Maori-Herausforderungslied bringt es auf den Punkt:
Ka mate, Ka mate!
Ka ora, Ka ora!...
.... Für all diejenigen, die nicht so gut Maori sprechen, fahre ich in freier deutscher Übersetzung fort:

Es war der Tod, es war der Tod!
Jetzt ist es das Leben, jetzt ist es das Leben!
Es war Tod, es war Tod!
Jetzt ist Leben, jetzt ist Leben!
Die Toten gehen zu den Toten.

Die Lebenden sollen zu den Lebenden gehen!
Beobachte den Mann, den haarigen Mann,
der es der Sonne ermöglichte zu scheinen.
Hoch zu dieser Stufe.
Hoch zu seiner Stufe.
Hinein in dieses helle Licht.

Wir haben eine dieser Begegnungen gestern erlebt und die Menschen nach der Beerdigung kennen gelernt. Wir spielten ein paar eigene Songs und die Stimmung war sehr entspannt, fast freudig...
Es war spürbare Fröhlichkeit, Entspannung und Freude in der Luft...
Der Himmel war von leuchtenden Sternen übersät…
Jürgen und ich waren fasziniert von dieser besonderen Atmosphäre, die mehr an eine Geburtsparty einer neuen Zeitepoche erinnerte, als an eine "After Life" Fete.
Es war für die Zurückgebliebenen das Feiern des Lebens, im Kontrast zu den vergangenen drei Tagen, die sie emotional so intensiv erlebten, wie das Licht am Ende des dreitägigen Tunnels.
Vielen wurde vielleicht bewusst, wie sehr sie in das Leben verliebt sind, wie sehr sie das Leben lieben und wie schön es ist zu leben.
Ein Liebender kann auch in der völligen Dunkelheit ein Licht erkennen.
Ich beobachte einen entspannten und gute Laune verbreitenden Rob, nachdem wir auf seinen Wunsch sein Lieblingslied - "Alles wird gut" gespielt haben.
Ein bisschen stolz wirkte er schon und auch froh, dass er "seinen" Dicke Fische Song mit all seinen Lieben teilen konnte.

Alles wird gut

Alles wird gut
alles wird gut
alles wird gut, Du musst nur tief durchatmen
alles wird gut...

Denk an die Lippen
die Du erstmals geküsst
Denk an die Augen
und nicht an den Schluss

Denk an die Ferien
an Deinen zweiten Sex
ich weiß beim ersten Mal
da war es wie verhext

Alles wird gut
alles wird gut
alles wird gut, Du musst nur tief durchatmen
alles wird gut...

Denk an “lecker” Essen
Omis Kartoffelbrei
und alles Dunkle ist vergessen
Deine Seele wieder frei
Denk an die Freunde
an Deinen schönsten Traum
und an die Freude
an Deinem “Selbst”
- selbst gepflanzten Baum

Alles wird gut…

Alles wird leicht
auch wenn nicht gleich
Alles wird klar
ich bleib Dir nah
so wunderbar nah...

Alles wird gut
alles wird gut
alles wird gut, Du musst nur weiterleben
alles wird gut
alles wird gut...

Die letzten Töne verklingen.
Robs Augen glänzen vor Freude…
Bei Sonnenaufgang hat er das Grab ausgehoben und geschuftet, bis er es fertig hatte, um es anschließend wieder zuschütten zu können.

Der gute Rob, der kräftige Mann mit seinem sanften und gutmütigen Geist. Der Vater von acht eigenen und zwei Pflegekindern.
Durch seine Adern fließt die pure Liebe - anders kann man sich die Art seines Wesens nicht erklären…

Der Tod und die Folgen werden hautnah erlebt und auch das prägt und verändert die Denkweise der Zurückgebliebenen.
Ich habe sogar das Gefühl, dass die Gedanken über den Tod in uns den starken Wunsch zu leben erwecken.
Vielleicht fühlen wir uns erst nach einer Konfrontation mit dem Tod so richtig lebendig.

Tief beeindruckt verließen wir um Mitternacht das Gelände, und die Sterne schienen für uns so hell zu leuchten wie noch nie.
Die Unendlichkeit des Universums erinnerte mich an die Unendlichkeit unserer menschlichen Seele.
Ich fühlte ein warmes Licht im Herzen…
Ich spürte wie meine Seele lächelte und wie ich das Leben liebte.

01. April - Wir haben uns Gottseidank verfahren - von Anjel

Wir haben die Kinder "unserer" Maorifamilie ein paar Tage lang in den Ferien erlebt und heute war der erste Schultag.
Morgens um sieben Uhr bremste ein Schulbus direkt vor dem Haus auf der Schotterstraße.
Te Maoi, der neunjährige Junge, stand alleine vor dem Haus und machte für die anderen Kids den Platzhalter, damit der Busfahrer nicht ohne sie abzischt. Auf diese Weise konnten sie bis zur letzten Minute im 20 Meter entfernten Zuhause bleiben.

Die Kinder hörten das Bremsen des Busses und liefen in den offenen Rachen des, wie ein Maori-Drache wirkenden Vehikels.
Der Drache verschluckte mit seinem seitlichen Maul neun unschuldige Kinder auf einmal.
Das mittelgroße Ungetüm war schon allein mit den Kids unserer Familie halbvoll (…oder sollte ich an dieser Stelle lieber “halbsatt“ schreiben?).

Ein schöner Anblick, als mir die neun Leutchen ein paar Minuten später lachend aus dem Fenster winkten.
Die nächste größere Stadt heißt Russel und liegt eine Stunde Busfahrt entfernt. Dort befindet sich auch die Schule.
Die Kids lieben unsere Musik und wir mussten ihnen unsere deutschen Texte übersetzen.
Die Eltern haben unseren Übersetzungen gelauscht und sich dabei auch in einige unsere Songs verliebt.
Wir dürfen sie jetzt immer auf irgendjemands Wunsch vorspielen und es schadet uns nicht im Geringsten, die Reaktionen und Resonanzen auf die unterschiedlichen Versionen unserer Lieder zu erfahren.
Kinder sind extrem direkt. Sie täuschen uns nie Interesse vor, wenn es nicht vorhanden ist.
Extrem kritisches Publikum und diese Feuerprobe erweist uns gute Dienste.
Wir wissen diese Ehrlichkeit zu schätzen und sind sehr dankbar dafür.
Te Rawhiti heißt das Dörfchen, in dem wir gerade wohnen.
140 Einwohner leben hier und es sind, außer uns Fischen, ausschließlich Maoris.
Geradezu idyllisch liegt das Haus unserer Gastgeber, nur eine einfache, schmale Schotterstrasse trennt das Grundstück von einem Strand.
Delfine zu sehen ist für die Kinder genauso selbstverständlich, wie die frischen Austern. Nachdem sie diese direkt vom Riff mit einem Stein abschlagen und aufklopfen, werden sie Vorort genüsslich verspeist.
Frischer geht es nicht mehr.
Eine weitere Spezialität: Frische Seeigel. Sie werden auch roh konsumiert, nachdem man sie mit einer Drehbewegung abpflückt und mit zwei stabilen Suppenlöffeln aufbricht. Man isst nicht den kompletten Inhalt, sondern nur die vier kleinen, grünlichen, glibberigen Teilchen, die ähnlich wie Kaviar schmecken. Eine Delikatesse der Sonderklasse.
Beim Schnorcheln sind mir die Seeigel aufgefallen und ich wurde auch gewarnt, denn wenn man sie übersieht und darauf tritt, kann man sich die restliche Zeit der Reise ganz schön vermasseln.
Übrigens, mein Fuß ist erst neulich richtig geheilt.
Die Seeigel könnten zu einer Plage werden, wenn sie sich noch mehr ausbreiten würden und, wenn sie nicht so lecker schmecken würden.
Das Wasser hier ist sehr sauber und absolut unbelastet. Vielleicht hat auch das mit diesem besonderen Geschmack zu tun.

Gottseidank kann man sie essen, und das ist auch gut so.
Leckere Plage...

“Wie habt ihr uns gefunden”, fragt uns die kleine Ritihea.
“Wir haben nur eine sehr grobe Karte und wir haben uns zum Glück verfahren”, antworteten wir.
Gott sei Dank, dass wir uns so präzise verfahren haben!

Kapitel 14

Hinter allem steckt eine liebevolle Kraft

02. April - Eine hohe Kunst des Lebens - von Jürgen

Tagsüber war es immer noch angenehm warm in der Sonne, aber der Herbst hielt hier seinen Einzug. In der Nacht lagen wir im Bus unter den Decken und dachten sehnsuchtsvoll an australische Temperaturen. Es war nachts so kühl, dass wir es uns kaum vorstellen konnten, dass Stephan und Trich in Lightning Ridge, beim eiskalten Bier, schwitzend am Pool sitzen.
Umso wärmer wurde uns ums Herz, je länger wir mit dieser wunderbaren Maori Familie zusammenlebten.

Wir wurden wie selbstverständlich zum Essen eingeladen. Wir bewegten uns im Haus und im Garten, als wären wir Familienangehörige.
Robert erzählte uns von seinem Haus, das er für fünftausend neuseeländische Dollar (ca. 3000 Euro) gekauft hatte. Das Holzhaus stand ursprünglich ein paar Kilometer weiter auf einem anderen Grundstück und wurde von ihm in sechs Teile zerlegt. Rauf auf den Laster, und hier wieder aufgebaut.
Er machte alles selbst, ließ sich genügend Zeit , und hatte viel Freude dabei.
Ein paar Teile des Gebäudes wurden anderweitig verwendet. So hatte der älteste Sohn mit seinen vierzehn Jahren ein eigenes kleines Häuschen bekommen, und ein als Büro genutzter, alleinstehender Nebenraum war auch noch entstanden.

Die Familie besaß einige Pferde, ein paar Katzen und ein hellbraun geschecktes Schwein, mit dem durchaus passenden Namen “Roast”, oder wie die Kinder es nannten: “Roastie”, was laut Rob die hintergründige Bedeutung “geröstet” hat.
Roastie tappte den ganzen Tag durch die Gegend, grunzte und schmatzte, pennte und lag rum. Es wollte nicht eingesperrt sein und kam so von

Robs Schwester, die es nicht im Freien halten konnte, zur Familie.
Dies schien eine besondere Fähigkeit dieser Menschen zu sein. Sie nehmen es, wie es kommt. Selbst zwei “Dicke Fische” hatten immer noch Platz, dem nicht genug, sie wurden genossen und genauso wieder schwimmen gelassen.
Man freut sich an dem, was ist. Lieben was ist. Eine hohe Kunst des Lebens.
Deutlicher wurde es in diesem Punkt: Im Haus der Familie lebten ebenso zwei Nichten, deren Mutter Schwierigkeiten hatte, sich um die Kinder zu kümmern. Die Tatsache, dass man schon acht eigene Kinder hat, spricht nicht dagegen, noch mehr Sprösslinge aufzuziehen, im Gegenteil. Türen und Herzen auf, hereinspaziert.
Auf zwei mehr oder weniger kommt es nun bestimmt nicht an.
Geht es der leiblichen Mutter allerdings wieder besser, ist das ein Grund zur Freude. Selbst wenn die Kinder, die mittlerweile im dritten Jahr hier leben, dann wieder gehen.
Lieben was ist.

Sie leben ein anderes und besonderes Leben, diese Menschen. Der Grund und Boden, auf dem ihre Häuser stehen, ist Maori Land und darf von der jeweiligen Familie bzw. dem “Stamm” kostenlos genutzt werden.
Vor dem Eindringen der Europäer gab es deutliche Abgrenzungen zwischen den Maoristämmen. Sie waren teilweise untereinander verfeindet und waren so immer in einer Art Kriegssituation. Dadurch waren sie im körperlichen und psychologischen Kampf weit entwickelt. Dies machte es den Engländern unmöglich, dieses Volk komplett zu besiegen.
Als Kapitän Cook mit voll gesetzten Segeln in der Gegend auftauchte, wurde er trotz der hohen Fahrtgeschwindigkeit von einem mit 100 Maorikriegern besetzten Ruderboot überholt. Nicht nur das, sie umkreisten ihn in voller Fahrt.

Die Engländer ließen sich nach gescheiterten Eroberungsversuchen eine andere List einfallen und schlossen mit den Häuptlingen Verträge ab. Bei der Übersetzung dieser Verträge wurden durch missverständliche Auslegungen einiger Worte, falsche Tatsachen vorgetäuscht.

Noch heute beschäftigen sich die internationalen Gerichte mit diesem Abkommen und entschädigen das benachteiligte Volk. Über 150 Maori Anführer haben damals diese “falsch” übersetzten Verträge

unterzeichnet.
Bei der Aufteilung des Landes, nach der Invasion der Engländer, warf ein Maori Anführer namens Whiti (sprich: Fitti) seinen Hut auf die von den Engländern vorgelegte Landkarte und sagte: “Alles was sich unter dem Hut befindet, gehört meinem Volk“. So wurde es beschlossen. Dieses Gebiet wird heute noch "The hat of Whiti" - "Der Hut von Whiti" genannt.

“Ich werde euch heute ein paar Plätze zeigen, die ihr sonst nie finden würdet", lud uns Rob zu einem Ausflug ein. - Gesagt, getan.
“Dieses Land gehörte schon den Vätern meiner Väter”, sagte Rob, der uns in seinem alten vierradangetriebenen Jeep durch die Gegend holperte.

Wir rumpelten schmalste Wege entlang, die ich größtenteils als unbefahrbar bezeichnet hätte. “Die Jungs”, erzählte er lachend, “heizen hier mit ihren normalen Autos durch. Ich frage mich selbst, wie sie das machen.”

Rob fuhr uns an Aussichtspunkte, pflückte uns orange farbene Passionsfrüchte, zeigte uns Plätze zum Fischen und schließlich den tief im Wald versteckten, an einer Klippe liegenden familieneigenen Friedhof.
”Das ist eine meiner Aufgaben”, gab er uns zu verstehen, “ich grabe die Gräber für die Toten. Von Hand. Es dauert vier Stunden, bis ein Grab ausgehoben und vorbereitet ist”.
Er zeigte uns nicht nur das Grab seiner Großmutter, seines Vaters, seiner Brüder, Tanten und Nichten, sondern auch den Platz, an dem er selbst einmal liegen wird. Wie bei einem Stammbaum bildeten sich Strukturen aus den Grabstätten.
Die Stimmung war in diesem Moment ehrfurchtsvoll. Auf der einen Seite das von der Sonne beschienene Meer, auf der anderen Seite der urtümliche, lichtdurchflutete Wald. Außer dem leisen Wind, eine Stille der Geborgenheit. Ein besonders schöner Platz für die “Letzte Ruhe”.
Familie wird hier ganz besonders groß geschrieben und das strahlt eine unglaubliche Stärke aus.
Wir fuhren an den verschiedensten Häusern vorbei. Überall wohnten Brüder, Schwestern und Tanten.
“Wir brauchen für viele Dinge kein Geld auszugeben”, sagte er selbstbewusst, “jeder hat spezielle Fähigkeiten, die er zur Verfügung stellt,

wenn sie gebraucht werden".
Am Abend gingen wir zum ersten Mal fischen.
Die Sonne stand tief am Horizont. Rob sang ein Lied auf Maori, um für einen reichen Fang und die gesunde Heimkehr zu bitten.
Wir fuhren mit ihm und seinem kleinen Boot in eine Bucht, dort erklärte er uns das "Handfischen". Eine Nylonschnur mit einem Haken wurde mit einem kleinen Fisch als Köder ausgeworfen. Ziemlich schnell konnte man fühlen, wie die angelockten Fische an dem "Leckerbissen" knabbern. Die Kunst war solange zu warten bis der Fisch den Köder im Maul hatte. Sobald er konstant an der Leine zog, hieß es Handeln. Ein kleiner Ruck und den Fang ins Boot ziehen.
Anfangs mussten wir lachen wie schnell Rob die Fische aus dem Wasser zog. Es artete für ihn direkt in Arbeit aus. Als ich den Ersten am Haken hatte, lagen schon sechs, von Rob gefangene, Fische im Korb. Insgesamt waren wir drei mal auf See und kamen jedes Mal mit einem reichen Fang nach Hause.

Rob hatte bei einem unserer Ausflüge einen derart riesigen Fisch an der Angel, dass nach fünfzehn minütigem erbitterten Kampf der Haken von der Leine abriss. Vorher hatten wir, um das Tier zu ermüden, den Anker geliftet. Der Fisch war so kräftig gewesen, dass er das gesamte Boot hinter sich her zog. Ich höre Rob noch sagen: "He is to big, man!" Er muss wohl größer als unser Boot gewesen sein. Wir befanden uns in einer der fischreichsten Gegenden der Erde. Eine der strickten Anweisungen von Rob lautete, die Leine niemals um den Finger oder die Hand zu wickeln, da sie uns im gegebenen Falle, durch die Nylonschnur abgeschnitten würde. Hin und wieder kam es vor, das Fischer nach mehrstündigem Kampf einen großen Hai ans Boot zogen, um festzustellen, dass er nicht hinein passt. "Meistens haben diese Viecher schon mehr als zehn andere Haken im Maul", sagte Rob, "in so einem Fall kappst du die Leine und schenkst dem Fisch das Leben. Wir achten und respektieren die Natur."
Nach der Heimkehr wurden die Fische immer sofort geputzt, ausgenommen und oft sofort zubereitet.

Ich fragte Rob als wir zusammen am Tisch saßen und uns unseren Fang einverleibten, ob es eine richtige Methode gäbe, Fisch zu essen. Seine kluge und kurze Antwort war: "Langsam!" Ich sah ihm dabei zu wie er seinen Fisch komplett verspeiste. Die Augen und das Gehirn schmecken

anscheinend süßlich.
Am Geburtstag von Te Maoi, Robs zweitältesten Sohn, kochte uns die Familie ein Maori Essen nach alter Tradition. Einen so genannten "Hangi".
Am Morgen wurde ein Loch gegraben und ein riesiges Blockfeuer mit großen Steinen darauf errichtet. Die Frauen bereiteten in der Küche sämtliche Speisen vor, um sie später in der Erde zu kochen. Das Feuer wurde angezündet und brannte zwei Stunden. Die darauf liegenden Steine waren anschließend so heiß, dass das Gras, auf das sie teilweise fielen, sofort verbrannte. Rob legte die heißen Steine mit einer Schaufel in die vorbereitete Grube. Anschließend kamen die eingewickelten Speisen in einem Metallkorb auf die Steine. Mit nassen Tüchern und Leinensäcken wurde das Ganze bedeckt, um es dann für drei Stunden in der Erde garen zu lassen.
Der Hunger und die Freude waren groß, als die Leckereien schließlich aufgetischt wurden. Sie sättigten die ganze zehnköpfige Familie, samt fünfzehn Gästen. Ein Festmahl!

Außer dem "Hangi", durften wir noch viele andere bemerkenswerte Dinge beobachten. Bei Ebbe, zum Beispiel, wenn der Strand etwas breiter wurde, trafen sich die Jungs aus der Gegend und holten aus ihren Autos das letzte Fünkchen Power heraus, das noch in ihnen steckte. Die alten Karren mögen noch so fertig ausgesehen haben, aber sie fuhren.
"Das ist mein drittes Auto", sagte uns der vierzehnjährige Sohn des Hauses, "mein erstes hatte ich mit elf". "So lernen unsere Jungs das Autofahren", erklärte Rob. „Nach getanen Pflichten gibt es ein bisschen Benzin vom Vater und dann kann es losgehen". Die Motoren heulten auf, der nasse Sand flog durch die Gegend und es wurde Gas gegeben ohne Ende. Manchmal rasten sie aufeinander zu und rissen im letzten Moment das Lenkrad nach rechts oder links, um einen Frontalzusammenstoß zu vermeiden. Sie schleuderten, sie schlitterten, sie rasten rückwärts, sie schmissen die Karre durch die Gegend und knallten auch manchmal aufeinander. Diese Jungs könnten allesamt Testfahrer werden.
Die Führerscheinlizenz kostet 70 NZ Dollar (ca. 40 Euro). Nur eine Frage des Alters und eine kleine Formalität. Fahren können sie alle schon vorher wie die Weltmeister.
Während die einen den Sand mit ihren Reifen durchpflügten, hatten sich zwei Mädchen der Familie, mit zehn und dreizehn Jahren, in ein kleines

Boot gesetzt und waren davon gepaddelt.
Drei Stunden später tauchten sie wieder auf und hatten Fisch mitgebracht. 21 "Snapper" hatten sie gefangen. Sie putzten den Fisch, sie nahmen ihn aus, die Mutter unterstützte sie wortlos und am Abend gabt es eine Delikatesse mehr. Frisch gegrillt auf den Tisch. Ein selbstständiges Leben, das für die Kinder auch Spiel bedeutet, Verantwortung übernehmen für die Kleineren, die Eltern unterstützen, Spaß, Selbstbestätigung, für das Leben lernen.
"Lieder über Vater und Sohn Beziehungen oder Lieder über die Liebe zwischen Brüdern gehen mir direkt ins Herz. Hätte ich gewusst, wie schön es ist, Kinder zu haben, hätte ich früher angefangen", sagte er einmal. Sein erstes Kind kam auf die Welt als Rob dreißig Jahre alt war. Heute ist er siebenundvierzig.
Ich habe selten eine derart liebevolle Autorität erlebt, wie Rob sie seinen Kindern gegenüber hatte. Er war zweifelsohne "Big Boss". Da wurde gemacht was Papa sagt, ohne mit der Wimper zu zucken.
Hinter allem steckte aber eine liebevolle Kraft.
Eine blinde Vertrautheit. Eine wohlige Wärme.

03. April - Sehnsucht mitten im Herbst... - von Anjel

Zuhause in Deutschland beginnt der Frühling während uns hier ganz leise der Herbst umkreist...

Wenn das Schreiben wirklich malen mit Worten ist, will ich Dir ein Bild voller Sehsucht malen.
Der Anblick einer Taube die in die Freiheit fliegt…
…vorbei an allem, was schön ist, entlang Deiner Vorstellungskraft…
Über grüne Wiesen und breite Täler, vorbei am Seidentuch in sanftem Wind...
Über die Liebenden, die getrennt voneinander, eine lange Zeit verbringen müssen.
Die Sehnsucht nährt unsere Seelen mit der, fürs Überleben wichtigsten Nahrung, die genau wie die Poesie, unsichtbar ist...
Sehnsucht ist Hunger der Seele nach Liebe. Sehnsucht ist die Energie mit der die Brieftauben die riesigen Entfernungen überwinden und aus solch einer Sehnsucht entstand dieses Lied:

Sehnsucht mitten im Herbst

Sehnsucht mitten im Herbst
Sehnsucht mitten im Herbst
Sehnsucht im Herbst
Diese Sehnsucht im Herz

Ja, vielleicht kennst Du sie…
Stand sie Dir schon vis a vis ?
Oder war sie noch nie
Noch niemals bei Dir?

Ja, vielleicht kennst Du sie…
Stand sie Dir auch schon vis a vis ?
So wie mir ?
Oder war sie noch nie
Noch niemals in Dir ?

Sehnsucht mitten im Herbst
Sehnsucht mitten im Herbst
Sehnsucht im Herbst
Diese Sehnsucht im Herz
Sehnsucht im Herz
Ja, mitten im Herz

Für mich ist es ein positiver, fröhlicher und doch sehnsuchtsvoller Song. Eine Art leise Vorfreude auf das, was mich bald erwartet.
Wenn bei uns hier der traurig-sein-wollende Herbst anfängt, beginnt irgendwo der Frühling…
…und wenn mir kalt ist und ich sinnlos friere, ist irgendwo - ein paar Flugstunden weiter - ein herrlich warmer Sommertag.
Es ist wie bei Yin und Yang; alles Weiße beinhaltet auch etwas Schwarzes und alles Lustige enthält auch einen Hauch von Traurigkeit...
Die Kälte weckt Sehnsucht nach Wärme und umgekehrt.
Alles ist eins, es sind immer nur die unterschiedlichen Seiten der gleichen Medaille. Vielleicht sind auch deswegen die melancholisch angehauchten Songs für mich positiv, wenn sie diese Art der fröhlichen Traurigkeit in sich bergen.

Sie sind die Chance die Melancholie in einem Lied auszuleben; sie sind wie die Möglichkeit sich in einem Film zu verlieren und auszuweinen um dann das Kino leichter zu verlassen und über seine eigene Denkweise vor dem Film zu lachen.

Zuhause in Deutschland erwacht der Frühling, während wir hier Abend für Abend den Herbst riechen und spüren können...
In ein paar Tagen werden wir per Flugzeug nahtlos aus dem Herbst in den Frühling befördert und der Winter, vor dem wir weggeflogen sind, bleibt uns auch hier erspart.
Wir lieben die Wärme.
Wahrscheinlich sind wir Warmwasser-Fische...

04. April - Magische Augenblicke... - von Anjel

Die Kraft des Ursprünglichen war mir schon immer bewusst, aber auf so intensive Art und Weise habe ich sie noch nie erlebt.
Kinder sagen oft scheinbar unsinnige Wortkreationen, die uns auf Anhieb nichts sagen und trotzdem eine Energie und Kraft besitzen, die uns fasziniert.
Oft sind es Frequenzen, die wir selbst oder dic unmittelbare Umgebung aussenden, oft sind es wunderschöne Unsinnigkeiten, die uns ein Lächeln mitten in einer ernsthaften "Erwachsen-tun-Phase" ins Gesicht zaubern, wenn wir trotz alldem den Rest des Kindes in uns noch leise spüren.
...und sobald wir sie korrigieren und zur korrekten Grammatik umbiegen merken wir, dass da etwas an Ausdrucksenergie verloren geht. Der Satz wird grammatikalisch einwandfrei, aber gefühlsmäßig geschwächt, und irgendwann sprechen wir alle sehr ähnlich, bis auf ein paar Exoten unter uns, die wir am liebsten korrigieren würden, bevor wir sie zu verstehen versuchen.
Etwas sehr Ursprüngliches sind auch unsere Träume und die Kunst, sie so direkt und unverfälscht wie möglich weiter zu geben - mit allen Ungereimtheiten, Widersprüchlichkeiten, Unlogik und moralischen Bedenken. Spontan und direkt. Adressaten von solchen Traumerzählungen sind die vertrautesten Personen, denen wir den Einblick in unsere Seele, besser gesagt, in unser Unterbewusstsein gewähren und zumuten.

Oft sind es die ungekämmten, ungeglätteten und unlogischen Gegebenheiten in den Traumschilderungen, die den Schlüssel zur geheimen Tür unseres Selbst verbergen.
Wahrscheinlich habe ich die Fähigkeit, mich an meine Träume zu erinnern, von meiner Mama geerbt. Sie war in der Lage, ausführlich über Details ihrer Träume zu erzählen und auch Tage später konnte sie noch über Einzelheiten aus ihren stärksten und lautesten Träumen berichten.
Es war für sie unfassbar, wenn ihr die Leute offenbarten, sich nicht an ihre nächtlichen Unterbewusstseinausflüge erinnern zu können. Auch die Hypothese, dass nicht alle Menschen träumen können, war für sie unvorstellbar.
Für meine Mama war es die natürlichste Sache der Welt und ihre Träume waren ein Teil ihres Tages.
"Träume sind Antworten auf Fragen, die wir nicht stellen können", sagte sie einmal.
Sie war davon überzeugt, dass man es lernen kann Träume in die reale Welt zu übertragen, auch wenn man diese Gabe nicht in die Wiege gelegt bekam.
Im Traum liegt oft eine tiefe Wahrheit verborgen, die sich von niemanden zensieren lässt und allein deshalb ist es prickelnd sie zu entziffern.
Ich beschäftige mich auch viel mit meinen Träumen und hatte schon interessante Ausflüge, in denen mich meine eigene Fantasie überraschte und einer dieser mystischen Trips in eine andere Welt begann so:
Wir saßen an diesem Abend alleine auf dem Boot, spielten unsere neuen Songs, sangen und ölten zwischendurch dezent unsere Stimmen mit gutem neuseeländischem Wein.
Ganz allein auf dem wunderschönen Tarawera See, weit und breit keine Seele - dachten wir.

Über uns hingen die Sterne, die uns schelmisch zuzwinkerten und sich selbst dabei im Spiegel der glatten Oberfläche des ruhigen Sees betrachteten. Im Hintergrund, kaum sichtbar, die Silhouette des Vulkans "Tarawera", der im Jahr 1886 alles um sich herum in Schutt und Asche gelegt, viele Menschenleben ausgelöscht und deren Häuser mit ihren, nach Schönheit strebenden, blumigen Gärten unter sich begraben hatte.
Der Berg hatte sich aus lauter Kraft und Courage die eigene Spitze weggeraucht, Tonnen an Material rausgeschleudert und gen Himmel geblasen...

Als es uns gegen Mitternacht zu frisch wurde, putzten wir die Zähne und ab in die Koje im Unterdeck.
Noch ein paar Gedanken durch das abgedunkelte Boot getauscht, und die Nacht hatte uns wieder.
In dieser Nacht hatte ich einen so intensiven Traum, dass ich mich heute noch ganz klar an viele Details erinnern kann.

Ein Gesicht, das hauptsächlich aus einem riesigen Mund bestand, kam mir immer näher. Es war nicht bedrohlich oder unangenehm, doch der Riesenmund suchte ständig nach meinem Ohr. Ich wollte ihn anschauen, aber er ging mir immer aus dem Blickfeld und verschwand in Richtung meines Ohres.
Als ich endlich aufhörte, ihn mit den Augen zu verfolgen, begriff ich, dass er mir etwas ins Ohr flüstern wollte.
Der Riesenmund sang leise und mit tiefer Stimme eine Melodie, die einfach und nachvollziehbar war.
Eine Sprache, die ich nicht verstand, ein Text, der nur aus zwei Worten bestand. Zwei Worte, die sich ständig wiederholten - eingebettet in eine seltsam hypnotische Harmonie und einen betäubenden Rhythmus.
MAUNGA MATIA,
MAUNGA MATIA,
MAUNGA MATIA…
Zwei Worte, von denen eine Kraft ausging, die mich fesselte.
Eine milde, breite, mitreißende, unbekannte Kraft.
Das hellbraune Mundgesicht sang mir ins Ohr, und irgendwann summte ich mit…
Ich sang auf einmal diese energiegeladenen und entschlossenen Worte.
Es kamen weitere Stimmen dazu und es klang immer breiter und lauter…
Wie ein Fluss, der immer breiter und kräftiger wird.
Tiefklingende Trommeln, die sich wie weit entferntes, schweres Donnergrollen anhörten, das näher rückt...
Immer und immer wieder die gleichen, fremden Worte, die mir auf einmal vertraut, warm und wie ein Teil von mir selbst vorkamen.
In dieser Nacht habe ich dieses Lied unzählige Male gehört und die Worte in einer Fantasiesprache, die ich nicht kannte und nicht verstand, aberhunderte Mal mitgesungen.
Als ich morgens aufwachte, griff ich als erstes nach meinem kleinen Diktiergerät. Ich sang die Melodie und die Worte, die immer noch meinen Geist beherrschten, in das eingebaute Mikrofon.

“Maunga Matia, Maunga Matia…”
Jürgen wachte auf.
“Was ist das, was du da singst?”, fragte er mich.
“Das habe ich die ganze Nacht geträumt”, antwortete ich.
“Und was ist es für eine Sprache?”, wollte er genauer wissen.
“Keine Ahnung…
Slowakisch, russisch, tschechisch, slowenisch, spanisch, deutsch, ungarisch oder englisch ist es nicht…
Ich bin mir aber sicher - diese Sprache muss es geben oder gegeben haben. Es war so deutlich, so klar und überzeugend…
Aus irgendeinem Grund bin ich mir sicher, dass es etwas sehr Ursprüngliches und Authentisches sein muss.
Dieser Traum war so realistisch…
Die Dringlichkeit und der Klang dieser unbekannten Worte war eine Wucht.
Es scheint irgendwie indianisch zu klingen.
Vielleicht erfahren wir eines Tages, irgendwo, bei irgendeinem Indianerstamm, was diese Worte zu bedeuten haben”.
Wir frühstückten langsam und gemütlich und beschlossen, uns gleich nach dem Essen an das Lied zu wagen.
Der Traum wollte mich nicht loslassen.
Er wollte mir irgendetwas zeigen dessen Bedeutung ich immer noch nicht erfasste…
Die seltsame Fratze, die mir im Traum immer näher kam, mir ins Ohr flüsterte und summte, faszinierte mich immer noch.
Die ursprüngliche Idee, Melodie und Text hatte ich bereits aufgenommen, und so konnten wir experimentieren und improvisieren bis zum Abwinken. So verbrachten wir den halben Vormittag mit der Session, bevor wir (wie so oft) zurückkehrten zum Ursprung des Songs - dem Traum und der Originalfassung vom Diktiergerät.
Trotz Modifizierens der Melodie, Tonart, Rhythmus und Harmonie-Änderungen kehrten wir zurück zum Elementarsten.
Die erste Diktiergerätaufnahme war die kraftvollste und selbst bei der Annahme, dass es sich doch nur um eine Fantasiesprache handelte, waren wir entschlossen, es genauso weiter zu spielen und zu singen.
Wir spielten den Song Bob, Jill, Nathalie und ein paar neu gewonnenen Freunden vor. Alle waren begeistert.
Keiner störte sich daran, dass die Sprache undefinierbar war.

Der Rhythmus und der vitalisierende Gesang schienen mehr als nur zu gefallen.
Das Lied aus dem Traum kam vor genau 18 Tagen zu mir und seitdem spielten wir es fast jeden Tag zum eigenen Vergnügen (weil es so schön knallte).

…und jetzt wird es mystisch und spannend zugleich:
Gestern haben wir den Song zum ersten Mal Rob und seiner Frau Louise vorgespielt und staunten über das Staunen der Beiden.
“Ihr habt behauptet, ihr könnt kein Wort Maori”, sagte Rob und kratzte sich dabei am Hinterkopf.
“Können wir auch nicht”, hörte ich mich sagen.
“Was ihr da gerade gesungen habt, ist aber einwandfreies Maori. Versteht ihr etwa selbst nicht, was ihr da singt?” fragte er uns.
“Nein, das verstehen wir leider ausnahmsweise wirklich nicht”, blubberte es aus mir heraus. Im gleichen Moment brachte Louise das Maori-Englisch Wörterbuch und drückte es ihrem Rob in die Hand.
Die Seite war aufgeschlagen bei dem Wort - *MAUNGA* (maorisch) nur ein Gedankenstrich trennte es von *MOUNTAIN* (englisch).
Rob legte seinen kräftigen “Maori-Zeigefinger” darunter.
“Das habt ihr wirklich nicht gewusst?” fragte er scherzend.
Er blätterte ein paar Seiten rückwärts bis er seinen Finger unter das Wort *“MATIA”* setzen konnte.
Wir versuchten mit aufgerissenen Augen reinzuglotzen.
Rob bremste unsere neugierigen Blicke, indem er das Buch zuklappte und uns noch mal fragte: “Ihr wisst es wirklich nicht?”
“Nein, wir wissen es wirklich nicht, aber wenn Du uns endlich das Wörterbuch zeigst, werden wir es wissen”.
Rob lachte uns spitzbübisch an. Er suchte erneut die Seite mit dem Wort *MATIA* und legte das Buch auf den Tisch.
Wir achteten darauf, dass unsere Köpfe im Eifer der Neugierde nicht zusammenstießen.
Mit minimalem Kopfabstand flüsterten wir das Wort hinter dem Gedankenstrich.
MATIA - bedeutet auf deutsch - STERBEND.
MAUNGA MATIA bedeutet: sterbender Berg
Ich spürte, wie ich Gänsehaut bekam und stellte mir den Ort vor, an dem ich dieses Lied geträumt hatte.

Es war unter dem Vulkan “Tarawera“. Die Geister, die mir in dieser Nacht dieses Lied gesungen haben, wollten uns beruhigen und die Angst vor einem möglichen Vulkanausbruch nehmen.
Ich war nur das Medium.
Die Maori-Geister, die es besser wissen müssen als jeder Mensch, wusssten, dass der Drache im Inneren dieses Berges am Sterben ist und keine Bedrohung mehr darstellt…

Wir erzählten unseren Freunden Rob und Louise die ganze Geschichte über den lebendigen Traum und wunderten uns jetzt zu viert über die, für mich unverständlichen und faszinierenden Worte und auch darüber, dass wir bis zu dem Traum keinen Kontakt zu einem einzigen Maori hatten…
Die Stille im Raum umhüllte uns alle…
Ja, sie umarmte uns regelrecht.
„Ein magischer Augenblick“, dachte ich.
“It's magic…“, flüstern Rob und Louise gleichzeitig.
Überraschte Augen glänzten sich gegenseitig an und so etwas geht ganz, ganz tief.
“It's magic” flüstern wir alle in einem leisen Unisono.
Mitten in diesem magischen Moment grübelte ich nach und entdeckte eine weitere parallele Botschaft innerhalb dieser zwei Worte…
Sterbender Berg; ist auch ein Memento an die Vergänglichkeit…
…die Zerbrechlichkeit und Einzigartigkeit der Natur und des Lebens.
Die hiesigen Geister sind ganz schön mehrschichtig und einfallsreich, denke ich schmunzelnd.
Sie nehmen uns allen die Angst vor den Naturgewalten und gleichzeitig erinnern sie uns an die Schönheit der wilden, ungezähmten Natur, sowie an ihre und unsere Zerbrechlichkeit und Vergänglichkeit.
„Träume sind Antworten auf Fragen, die wir nicht stellen können“, flüstert Mamas Stimme in meinem Ohr.
MAUNGA MATIA sind nur zwei Worte, die so viel Trost, Kraft und gute Energie transportieren und uns gleichzeitig unauffällig wachrütteln, ja, vielleicht sogar warnen.
Ich träumte also in einer fremden, aber existenten Sprache und der Inhalt der Botschaft war sinnig. Vielleicht klingt diese Story für dich wie ein wilder Fantasieausflug. Das hier ist aber eine wahre Geschichte, die mich noch fester an die parallelen Welten und Unsterblichkeit der Seele glauben lässt. “It's magic”…

07. April - Die Reise wird nie zu Ende gehen - von Jürgen

Ich denke an meine Familie zuhause. Drei Monate weg von all den Lieben. Ich durfte viel erleben, ich konnte mich neu definieren, mich fühlen, mich beobachten. Ich konnte reichlich Abenteuerluft schnuppern. Aber ich weiß heute mehr denn je, wo ich hingehöre. Ich habe auch meine Sippe, auch wenn sie weit verstreut lebt. Verwandte sind die Familie in die du hineingeboren wirst, Freunde sind die Familie die du dir aussuchst. Ich liebe sie alle. Jeden auf seine besondere Weise.
Ja, ich kann es spüren, dass sich eine Sehnsucht in mir breit macht.
Wir freuen uns auf das Heimkehren. In wenigen Tagen stehen wir in Stuttgart mitten im Hauptbahnhof. - Mit Sicherheit ein besonderer Höhepunkt unserer Reise.

Der Abschied von unserer Maorifamilie tat weh. - Aber der Schmerz des Abschieds macht einen nicht mehr unsicher, denn er ist bekannt. Man hat Vertrauen in das Leben, in das, was kommt, in das Neue, das auf einen wartet.
An unserem letzten Abend wurden wir überrascht mit Geschenken, die sie für uns vorbereitet hatten. Jeder bekam eine handgearbeitete Tasche aus einer Art Bambusblättern, der Verschluss aus einer schönen, schillernden Muschel. Ein Werkstück, nach traditioneller Maoriart. Dazu eine liebevoll geschriebene Karte mit guten Wünschen für die Zukunft und wundervolle Worte der Dankbarkeit über das, was wir ihnen an Erlebnissen und Emotionen geschenkt hatten. - Dabei kamen wir uns vor, als würden wir in einem Meer aus Gastfreundschaft, Liebe und Geborgenheit schwimmen. Der Strom des Gebens und Nehmens floss mit starker Kraft. Das konnte jeder von uns im Raum spüren.

Die ganze Familie war anwesend und wir waren im tiefsten Inneren berührt, fast bewegungslos saßen wir da, Glanz in den Augen, schwer wie Blei und leicht wie eine Feder zugleich, als Rob und Louise eine kleine Ansprache hielten. Teils auf Englisch, teils auf Maori. Sie sangen uns ein Lied, klatschten und tanzten und überreichten uns zum guten Schluss noch jedem eine Kette mit einem Maorisymbol aus Fischknochen.
Rob übergab uns das Wort und wir hatten wahrlich Mühe zu sprechen, so gerührt und berührt waren wir von all dem, was uns entgegengebracht wurde.

Selbstverständlich wollten wir auch gerne ein Abschiedslied singen. Die Gitarren standen bereit und die Familie war sich sofort einig: "Alles wird gut", tönte es aus allen Ecken, es war in den vergangenen Tagen zu deren Lieblingsstück geworden. Wir fingen an zu spielen. Ich kann mich noch genau an den Moment erinnern, als Anjel versuchte, mit dem Gesang einzusetzen. Ich dachte nur: "Zum Glück muss ich nicht singen!" Ich hätte es nicht geschafft. Meine Kehle war wie zugeschnürt, und Anjel ging es ähnlich. Sein Gesang bestand aus Bruchstücken des Textes, der Rest ging unter und kam in Form von Tränen zum Vorschein, die er sich während dem Spielen von der Backe wischte. Es ging uns beiden gleich in dieser Situation, wir waren nicht traurig über den Abschied, sondern unsagbar dankbar über das Erlebte und voll von Liebe, diesen einzigartigen Menschen gegenüber.

Die letzte Nacht, der letzte Morgen, die Kinder weckten uns kurz bevor der Schulbus kam. Wir hatten so die Möglichkeit für ein paar letzte Blicke und Umarmungen. Wortlose Dankeschöns huschten hin und her und dann fuhren sie winkend davon, die kleinen Maorikrieger, auf dem Weg zur Schule, auf dem Weg in ihren eigenen, modernen, neuzeitlichen Kampf. Die lieben Geschöpfe, die uns verwöhnt hatten mit ihrer Natürlichkeit, ihrer Neugier, ihrem Lebensdurst und ihrem Lachen. Wir standen da, auf dem Schotterweg, der das Haus vom Meer trennt, und blickten dem davon holpernden Schulbus und der sich aufbäumenden Staubwolke hinterher. Die Liebesbriefe der Kinder in der Hand, die sie uns geschrieben und gemalt hatten und die uns im allerletzten Moment noch in die Hand gedrückt worden waren. Dann waren sie verschwunden.

Auf einmal war es ruhig, besinnlich, das Haus war leer, unser Camper stand da, wartend auf die Abfahrt.

Schließlich rumpelten auch wir davon, auf der Straße, die uns wegführte von den Bay of Ilands, Rob und Louise im Rückspiegel, die Arme aus den Fenstern gestreckt, die Gitarren schlafend im Koffer, die Setliste für unseren ersten Auftritt in Deutschland im Gepäck. Am kommenden Sonntag werden wir in Frankfurt landen. Montag Abend der erste Gig nach der Reise. Deutschland rückt näher. Stunde für Stunde, Kilometer für Kilometer, unaufhaltsam und voll sehnsuchtsvollem Rufen.

Doch die Reise - die innere Reise, wird nie zu Ende gehen.

08. April - Unser ganzes Leben gleicht einer Reise - von Anjel

Reisen ist wie ein Leben im Zeitraffer.
Es ist manchmal seltsam, wenn wir einen Platz verlassen oder besser gesagt **los-lassen**, an dem es uns so unsteigerbar gut ging.
“Was wird als Nächstes folgen?”, fragen wir uns.
Ist das ständige Weiterziehen wirklich immer das Richtige?
Die liebe Jill, vom Lake Tarawera hat uns beim Abschied gesagt; “Ihr dürft immer zu uns zurückkommen, wenn ihr woanders nicht das findet, wonach ihr sucht.
Wir werden uns freuen, wenn ihr zurück seid.
Hier ist immer ein Platz, an dem ihr euch wie zuhause fühlen könnt“...
Ja, die gute Jill konnte nicht ahnen, was in der Seele eines Troubadours vor sich geht und dass die Aufgabe eines reisenden Musikers ist nunmal zu reisen.
...Immer weiter ziehen, der untergehenden Sonne am Horizont entgegen.
Die schönen Bequemlichkeiten loszulassen, den Schutzmantel der vertrauten Umgebung abzulegen, die Reise im Fluss zu halten, um derjenige, der man ist - ein Reisender - zu bleiben.
Ich denke oft an unseren Freund, den buddhistischen Mönch Kovida aus Katoomba und seine Gedanken über das Reisen.
Wir tragen immer noch seine gelben Armbändchen an unseren rechten Handgelenken, und er ist in unseren Gedanken gegenwärtig.
Ich denke an all die Begegnungen und Abschiede, an das beschleunigte Leben auf der Reise - wie ein ganzes Leben im Zeitraffer...
Ankommen - kennen lernen - erleben - genießen - loslassen.
Dabei geht mir ein Gedanke durch den Kopf, dass wir in Kürze schon wieder Abschied nehmen müssen.
Kein Abschied für immer, oder vielleicht doch?
Es gibt kein anderes Zuhause als das Ich - das innere Wohnzimmer, das haben wir inzwischen gelernt.
Reisen ist die Kunst des ständigen Abschiednehmens.
Natürlich ist es auch die Kunst des ständigen Ankommens und die Kunst des Loslassens…
…aber der Kloß im Hals tut trotzdem jedes Mal weh.
Vielleicht ist es ein Nebengeschmack der Verlustangst und der Schmerz ist die Verklemmung im Hals aus Unlust, sie loszulassen?
Ist es die Angst, irgendetwas zu verlieren, die so schmerzt?

Der Einsatz einer langen Reise ist hoch.
Raus aus dem Alltag, die Sicherheit und unseren westlichen Alltagsluxus aufgeben...
Das kostet Courage, denn die Zukunft ist auf einmal unberechenbar, ungewiss - genauso wie auch die Rückkehr, denn in drei Monaten kann sich viel ändern.

Man begegnet so vielen Menschen, die das Leben bereichern. Uns begegneten in dieser Zeit gute, schöne, und hässliche Menschen mit schönen Seelen, liebe, weise, lustige, aufregende, inspirative, neugierige, ausgelassene, leidenschaftliche und traurige Menschen, Orte, die man nie vergisst und in sein Herz schließt...
Ein Reisender bekommt eine Chance auf neue Erlebnisse und Erkenntnisse, die das Leben verändern.
Ja, ich glaube, die Chance allein kann einen verändern...
Ich glaube, das Reisen ermöglicht dem Geist schneller zu reifen. Mit anderen Worten, wir werden geistig reifer ohne dass wir dabei körperlich zu schnell verblühen.

Du kennst bestimmt den Spruch: man fährt als Deutscher los und kommt als Kosmopolit zurück.
Man sieht so viele Dinge mit anderen Augen.
Ich glaube, man könnte manche Neonazis auf eine Weltreise als Resozialisierung, besser gesagt als Rehabilitation für ihre "schwere Krankheit" (die unsereins einfach als "Dummheit" bezeichnet), schicken. Sie würden unterwegs Einiges kapieren, was in ihren braunen Birnen wegen der enormen Dunkelheit sonst nicht aufleuchten kann.
Vielleicht würden sie es endlich begreifen und auch verinnerlichen, dass wir alle Ausländer sind und dass unser ganzes Leben einer Reise gleicht.
Die gefährlichste Weltanschauung ist die Weltanschauung der Menschen, die die Welt noch nie richtig angeschaut haben.
Das Reisen ist die beste Schule.

09. April - Heimkehr der Troubadouren - von Anjel

Von einer langen Reise nach Hause zu kommen, ist auch keine leichte Aufgabe und man könnte allein damit ein ganzes Buch füllen.
Was hat sich alles verändert?
Haben wir uns verändert?
...und die Menschen daheim, unsere Freunde und Lieben, haben sie sich verändert?
Werden wir Zuhause auch noch die Zeit für "das Jetzt" haben?
Fragen über Fragen...
Die Veränderung ist immer eine neue Chance und kann immer etwas Gutes beinhalten.
Mindestens zwei Konstanten gibt es immer: Die wahre Liebe und die wahre Freundschaft.

Manche Reisen enden mit dem "Nachhausekommen", manche enden nie...
Wir haben derart wunderbare Menschen getroffen, dass mir die Vorstellung, sie in meinem Leben zu missen, sehr schwer fällt.

Es ist wahr, dass wir nicht schätzen, was wir haben, bis wir es verlieren, aber es ist auch wahr, dass wir nicht wissen, was wir vermissen, bis es uns begegnet.

Die Menschen, die wir tagtäglich treffen sind eingewebt - wie Fäden in den Stoff aus dem unser Leben gewebt ist.
Sie sind wie Puzzle-Stückchen oder besser gesagt, wie Patchwork, aus dem unser Leben zusammengefügt ist.
Und ich meine nicht nur die Menschen, die wir auf dieser Reise treffen, sondern all die Menschen, die wir auf unserer Reise namens “Leben” jemals getroffen haben und auch noch treffen werden.

Wir haben auf unserer dreimonatigen Reise eine wunderschöne Zeit erlebt und wollten sie auch mit Dir auf diese Weise teilen.
Wir haben so viele magische Augenblicke zusammen erlebt und begriffen, dass die Gipfelerlebnisse - die inneren Erlebnisse sind.
Erlebnisse, die die Seele vom Körper lösen...
Momente des körperlosen Glücks sind es, die das Leben verändern und ihm eine neue Richtung bescheren können.

Wir haben begriffen, dass die Suche nach Abenteuern - die Suche nach den spirituellen Abenteuern ist.
Es ist die Suche nach dem Abenteuer das Geistes.
Wir haben begriffen, dass die äußere Umgebung nicht dafür verantwortlich ist was wir denken und fühlen.
Wir haben viel gelernt und erkannt, zum Beispiel, dass das Glück nur innerlich und nicht äußerlich erlebbar ist.
Wir haben begriffen, dass der Versuch das Glück außerhalb und nicht innerhalb sich selbst zu suchen, wie ein Versuch ist, schneller als der eigene Schatten sein zu wollen.
Es ist wie - einen verlorenen Schlüssel unter irgendeiner Lampe zu suchen und nicht an dem dunklen Platz, wo man ihn verloren hat.
Die Suche nach dem Glück ist die Suche nach dem Licht im Herzen.
Wir sind zusammen mit Dir in den buddhistischen Tempel eingetaucht und haben den lieben Mönch Kudagala Kovida kennen gelernt; Du hast mit uns zusammen in der Hippiekommune gelebt...
Du warst mit uns in der Wüste; Du hast mit uns unter dem Sternenhimmel des Outbacks übernachtet; Du hast mit uns die leise Traurigkeit der Abschiede erlebt, die sich magisch in ein Gefühl der Dankbarkeit verwandelt hat...
Du hast mit uns Sophie kennen gelernt...
Du hast mit uns den Wellen des Meeres gelauscht; die Sternbilder des südhemisphärischen Himmels durch unsere Augen gesehen; mit uns im Flugzeug gesessen; mit uns in einer Postkarte gelebt...
Du hast die beschriebenen Düfte in Deiner Fantasie modelliert (eine der schwersten Übungen); Du hast mit uns die Bäume ins Paradies gepflanzt und hoffentlich auch zwischen den Zeilen gelesen...
Du hast mit uns die neue deutsche Rechtsschreibung ignoriert, indem Du das Dich ansprechende "Du" mit schönen altmodischen Großbuchstaben vielleicht als persönlicher und respektvoller empfunden hast?
Du warst mit uns im Knast und lagst mit uns in fremden Betten.
Du hast die Gefahr des Blitzes gespürt…
Du hast mit uns auf dem Boot gelebt, mit uns gelacht, im Fluss meiner Kindheit gebadet und den Sommerwind in Deinem Haar gespürt...
Du hast magische Momente mit uns erlebt.
Du warst mit uns bei den Maoris, wenn Du das hier liest und nichts übersprungen hast.
Du hast mit uns Fischen gefischt; Du hast mit uns die Bedeutung der

geheimnisvollen Worte "Maunga Matia" entziffert, Du hast die Kraft des Vulkans gespürt; das Herz des lieben Rob kennen gelernt.
Du kannst Dir jetzt auch vorstellen, wie zugeschnürt sich ein Hals beim Abschiedswinken anfühlen kann, bei der Trennung von einem Menschen, mit dem man sich so verbunden fühlt, dass man sich selbst - durch seine Augen - (vielleicht für immer) gehen sieht...
Du bist mit uns zusammen - mittendrin - zwischen so vielen Engeln gelandet, die genau wie Menschen aussahen und uns das Gefühl schenkten - einer von ihnen zu sein...
Wir haben begriffen, dass wir dem Glück nicht nachzujagen brauchen, weil es längst auf uns wartet, überall dort, wo wir zu uns selbst finden...
Du hast mit uns Dein und unser Fernweh getötet, welches das Heimweh geboren hat…

…wow, was für ein toller Gedanke (manchmal überrasche ich mich selbst).
Er klingt wie ein Gongschlag am Ende einer Meditation.
…geradezu prädestiniert um am Ende eines Buches wie diesem zu stehen.
Ich könnte mit genau diesen Worten unsere Reise beenden, aber ein paar Gedanken würde ich noch gerne **loslassen**.

Wir fliegen bald mit einem schnellen Flugzeug nach Hause, obwohl wir vielleicht besser ein Schiff nehmen sollten, damit die Seele Zeit hat mitzukommen.
Manche Leute behaupten; die Seele braucht mindestens drei Tage bis sie zuhause ist!
Vielleicht ist dies der so genannte "Jetlag"?
("Sorry, bin noch nicht komplett. Meine Seele und meine verloren gegangenen Koffer kommen noch. Bitte, sprechen sie mich erst in drei Tagen wieder an"... grins)

Wie sehr verändert uns diese lange Reise?
Bleibt man jetzt für immer süchtig und streichelt man irgendwann sehnsüchtig und fernwehvoll den Globus?
Vielleicht irgendwann.
Jetzt freue ich mich erstmal auf mein Zuhause...

Ich freue mich auf meine lieben Freunde, die ich wie der verrückte Russe aus dem Film Casablanca in die Arme nehmen werde...
Umarmungen sind manchmal wichtiger als Worte und ich genieße diese menschliche Berührung...
Ich freue mich auch auf das deutsche Brot und auf den selbst gemachten Kartoffelbrei...

An dem entferntesten Punkt von Zuhause, tausende Kilometer von Daheim begreifen wir, dass dies keine Reise in die Ferne war, sondern eine Reise zu uns selbst.

Dicke Fische - Songtexte

Dicke Fische Videos, Songtexte und Übersetzungen findest Du unter:
www.dicke-fische.com